ESTOY HABLANDO DE TI

TEDDY COBEÑA

Estoy hablando de ti

Teddy Cobeña

No se permite la reproducción total o parcial de este libro, ni su incorporación a un sistema informático, ni su transmisión en cualquier forma o por cualquier medio, sea éste electrónico, mecánico, por fotocopia, por grabación u otros métodos, sin el permiso previo y por escrito del autor. La infracción de los derechos mencionados puede ser constitutiva de delito contra la propiedad intelectual (Art. 270 y siguientes del Código Penal).

© Teddy Cobeña, 2017

Imagen de cubierta: Escultura en bronce "48 años u 84 años, Yo decido" ganadora del premio "Mateo Inurria" en Madrid (2.015) y de la medalla "Pont de Chéruy" en Francia (2.017) ©Teddy Cobeña Loor
Ilustración interior: ©Ana Carolina Lázaro

Primera edición: Agosto, 2017
ISBN: 978-84-697-5546-4

A todos mis pacientes que han venido en busca de una cura o calma de su dolencia, de quienes he aprendido mucho.

A todos mis maestros, desde los presenciales en las facultades de medicina hasta los virtuales que existen y existieron muchos años atrás.

A todas las personas anónimas que han contribuido a las experiencias compartidas durante años.

A Anna Carolina, que es mi completo amor.

No devores este libro, degústalo.

ÍNDICE

DECLARACIÓN

La salud es el buen estado de bienestar físico y mental. Para conseguir este estado es necesario que el pensamiento sea dirigido a ello y esto puede ocurrir de forma voluntaria o bien involuntariamente. Las personas podemos alcanzar todo lo que queremos, independientemente de nuestra condición social, económica, biológica o familiar.

El buen estado mental no sólo se consigue en ausencia de enfermedades psiquiátricas o alteraciones psicológicas sino también al alcanzar los objetivos que nos proponemos. Es tu derecho obtener lo que tú quieras en esta vida. La clave está única y exclusivamente dentro de ti, no en tu entorno ni en otras personas. Declara firmemente tu éxito y siéntete triunfador. Porque todo está en tu cabeza, tú eres la fuerza generadora de todo lo que te ocurre y ahora toca vivir de otra manera. Aquí empieza tu nueva vida.

INTRODUCCIÓN

Empezó mi curiosidad por el cuerpo humano siendo un niño aún. Estudié la carrera de medicina y mi interés se extrapoló a la totalidad de la vida.

Durante más de veinte años he estado observando a los pacientes en sus diferentes estados y en situaciones variadas. Personas de los cinco continentes y con todo tipo de enfermedades. Hay un denominador común en todos ellos tanto para recuperarse como para continuar su enfermedad: la forma de pensar.

No es sólo la respuesta celular a un medicamento sino también (y fundamentalmente) la forma que tiene la persona de afrontar el problema. No hay duda de los maravillosos avances que tenemos actualmente en el diagnóstico y tratamiento de las enfermedades. Pero eso no lo es todo.

He formado parte de varios estudios médicos en los que la actitud del paciente antes de enfermar era negativa o estresante, desarrollando ellos un problema orgánico o una patología bien establecida posteriormente. El estrés, las sensaciones negativas intensas y constantes disminuyen las defensas y los elementos protectores del cuerpo favoreciendo al desarrollo de enfermedades inflamatorias, infecciosas, neoplásicas y cardiacas. Al trabajar en un servicio de patología mamaria mi atención se centró en un considerable número de cánceres de mama originados por un fuerte estrés sostenido durante meses en un grupo de pacientes que estudiamos a su ingreso al hospital (que se sumaban a otros que no eran por esta causa). El estudio se extendió a otras patologías del cuerpo.

La tendencia a pensar positivamente, a aprovechar circunstancias para reír, la despreocupación, a prestar atención a otras cosas que no son las funciones del cuerpo e incluso minimizar una dolencia ha demostrado una calidad de vida más alta y una estadística considerablemente baja a enfermar.

Hay una propensión de un gran grupo de personas a pensar en que lo que ocurrirá será lo peor en una situación determinada, por ejemplo "no llegaremos a tiempo a la cita", "le pasará algo malo a nuestro hijo", "tendré cáncer", "tendré problemas en el trabajo". Situaciones que no están predispuestas sino básicamente por ese pensamiento negativo de que lo malo es lo que ocurrirá. Cuando ese pensamiento se asocia en la imaginación a un sentimiento de haber vivido eso, ocurrirá aquello.

Nuestro cuerpo emite unas vibraciones basadas en el movimiento molecular que genera un campo magnético. Esas vibraciones están controladas consciente o inconscientemente por la mente humana. La repercusión de esa vibración está en nuestro propio cuerpo y en nuestro entorno.

He querido por tanto, investigar y experimentar más sobre la fuerza de nuestra mente y los efectos sobre el cuerpo y fuera de él.

Podría contarte múltiples casos personales y vividos de un sinnúmero de pacientes, enfermados y curados, todos relacionados con la fuerza de su pensamiento, sobre la salud en general y otras que no se relacionan con ella, como llegar a un sitio inesperado, conocer a alguna persona en concreto, adquirir algún bien material deseado, etc. pero quiero que seas tú quien experimente en tu propia carne la grandeza de tu ser.

Nos han dicho en algunos libros que pensar crea la realidad y no lo oímos, no lo creemos y hasta lo rebatimos. Porque necesitamos confirmar con nuestros sentidos físicos todo lo que existe o pueda existir. Necesitamos tocar, ver, oír algo para poder creer y hasta decimos que la vida no es más que biología, que el ser humano es una colección de minerales que reunidos armónicamente producen movimiento sin más, como un avión que es el conjunto de materiales agrupados de forma ordenada para poder volar. Sólo si es así, es extremadamente sorprendente que el hombre con lo que tiene en el suelo pueda hacer maravillas: todo lo que come viene de la tierra, lo que viste, lo que usa para transportarse, la tecnología, absolutamente todo lo que usa viene de la tierra. Porque es gracias a su imaginación que lo consigue. Y la imaginación de dónde viene? No tiene células, no tiene proteínas ni ningún tipo de estructura física. Aquí la fuente de nuestras vidas.

ERES LO QUE PIENSAS

"Tu mundo es tu conciencia materializada"

Tu cuerpo no eres tú. Te identificas totalmente con el rostro que tienes, con la forma de tus manos y de todo tu cuerpo, sin embargo tú eres un ser más poderoso de lo que tu cuerpo puede hacer.

Riges sobre tu cuerpo y no él sobre ti. Pero no nos damos cuenta de esto porque estamos inmersos en el estilo de vida que llevamos, nuestra atención está desviada a otras cosas. Tu cuerpo es un vehículo de tus decisiones. Habitas en él y gobiernas sobre él.

La forma más diminuta de nuestro cuerpo es energía. Esta energía que pareciera ser autónoma está controlada por tu mente muchas veces de forma involuntaria, pero tienes el don de conducirla a tu voluntad y deseo. Eso significa para bien y para mal, todo depende de cómo enfoques el poder de tu maravilloso potencial.

Esta fuerza no sólo actúa por concentración expresa en ella sino que también reacciona a tus estados de humor o tipo de pensamiento que tengas sobre cosas de tu vida cotidiana. De esta manera el estrés puede provocar

17

contracturas musculares en la espalda y cervicales, aumento de la acidez gástrica, etc. En estos casos tú no has querido voluntariamente iniciar una contractura muscular o una acidez de estómago pero el cuerpo ha reaccionado de esta forma a tu nivel de estrés y si te concentras para producir un dolor muscular eres capaz de sentirlo. Lo mismo ocurre actuando en positivo, es decir si piensas cosas buenas o no tienes pensamientos negativos o bien sientes alegría, el cuerpo tiende a realizar su función de forma armónica.

Todos sabemos de cómo una persona que siempre se queja diciendo *"no podré, nunca me salen bien las cosas, no soy capaz de hacerlo, no soy tan listo"*, etc. no tiene grandes augurios de logros. Esto es conducir su propio destino. Pero cuántos de nosotros queremos el fracaso? Todos queremos la felicidad y eso significa tener salud y conseguir nuestros objetivos.

La energía que eres depende de tu pensamiento y ella condiciona tu estado corporal y tu entorno. Tu cuerpo tiene una vida limitada pero tu pensamiento que controla esa energía no tiene fin. Eres por tanto una gran y eterna fuerza que existe sobre los tiempos y sobre los espacios.

El medio en el que habitas no es una situación de suerte o infortunio o porque el azar a ello te ha destinado, sino que has sido tú quien ha invitado a todas estas cosas y personas a que formen parte de tu vida. Atraes todo lo que tienes a tu alrededor o dicho de otra manera tú has querido que todo lo que tienes forme parte de tu vida. Tu pensamiento e imaginación junto a la sensación consciente o inconsciente ha hecho de todo eso una realidad. En esto se basa la realización de la vida de cada persona en el mundo.

"La vida es producto de una esencia,

que controlamos mediante la voluntad y los deseos.

El origen de la esencia es

una fuerza poderosa que está enraizada en ti"

Dicho esto suena absurdo pensar que tú hayas querido tener ese determinado problema o tener que lidiar con una persona conflictiva, pero la verdad es que no somos conscientes de lo que estamos pensando siempre. La forma en cómo sientes algo, la intensidad de lo que vives se traduce en hechos positivos o negativos. Así, si te has enfadado con un compañero de trabajo, te resultará inevitable volver a vivir en tu cabeza la discusión que tuvisteis después de un momento. Esa situación provoca una descarga de energía negativa que se traduce o bien en un malestar corporal o bien en una perseverancia del conflicto con el compañero. Las conversaciones internas (las que tienes en tu mente como si fuera con otra persona) son fundamentales para condicionar tu relación con esa persona. Lo que imaginas será una realidad.

En una ocasión viví el estrés de tener que lidiar con un director de una empresa de fundición de metales donde yo hacía algunas esculturas de bronce. A pesar de que mi actividad le generaba dinero, él siempre estaba con prisas y mal humor. Cuando hablábamos era una experiencia para mí totalmente desagradable, incluso se lo transmitía a su secretaria y por consiguiente a los que habían a su alrededor. Cuando quería saber algo y me llamaba por teléfono no podía evitar enfadarme o ponerme nervioso, así que un día en lugar de salir definitivamente de ese taller (ya que me gustaba la disponibilidad de recursos y herramientas de trabajo de las que disponía) decidí experimentar algo: imaginé que este señor me decía junto a su despacho que sentía mucho el trato recibido y que se había dado cuenta de que sus nervios nos enfadaban a todos, que me decía "siento mucho el trato recibido" y luego se giraba a su secretaria y le repetía la misma frase para después expresar su deseo de cambiar. Estas escenas las repetí una y otra vez en mi cabeza antes de ir a dormir durante aproximadamente diez días, sentía como me daba la mano y se disculpaba, veía el escritorio de su despacho, los papeles que tenía en su mesa, la cara de la secretaria. Extraordinariamente, al cabo de unos días pasó exactamente la escena que yo había estado imaginando, me extendió la mano para decirme "siento mucho el trato recibido", se giró a la secretaria para decirle la misma frase, el sitio era el que había imaginado yo antes, junto a su despacho y repitió unas tres veces las mismas palabras. Los días siguientes fueron de total armonía en ese taller, hasta que acabé mi proyecto.

Cómo es posible que ocurra esto? Tu pensamiento es la energía que atrae o que crea una situación. A pesar de que todo lo que tienes a tu alrededor diga lo contrario a lo que quieres, no debes de desfallecer, imagina fielmente lo que te interesa que pase. Eso es así y funciona siempre así.

Hace un tiempo mi esposa y yo queríamos saber cómo era por dentro una casa que nos gustaba mucho debido a que queríamos comprar una, habíamos dado vueltas por esa casa muchas veces, no estaba habitada y no teníamos la suerte de encontrarnos a nadie que nos diera razón por esa vivienda. Así que una noche me fui a la cama y antes de dormir imaginé que tenía la llave de la puerta, la abría y pasaba por un recibidor-pasillo que había supuesto tenía la casa, al entrar miraba el techo y el espacio del salón. Imaginé con detalle cómo sentía la rugosidad de la llave al entrar en el cerrojo de la puerta que lo había visto previamente varias veces al visitar la casa por fuera, veía en mi mente cómo se abría la puerta y me veía entrando a la casa y miraba el espacio interno, lo hice una y otra vez hasta quedarme dormido. Al día siguiente al salir del trabajo fui a dar una vuelta delante de la casa como ya lo había hecho en otras ocasiones y desde la ventana que da a la calle oí ruidos como si estuvieran remodelando o arreglando la casa así que toqué la puerta y un albañil se asomó por la ventana y me dijo "espere que le abro" y escuché desde el exterior de la puerta cómo sonaban todas las llaves juntas que se acercaban a la puerta y el ruido que hacía **la llave** al abrir el cerrojo! Vi como se abría la puerta y sentí la misma sensación que en mi imaginación la noche anterior había sentido, di un paso adelante y entré a la casa. Le dije al albañil que estaba interesado en ella y quería saber cómo era por dentro así que la pude ver toda.

No ocurrió tal como yo había imaginado pero mi deseo final se cumplió. Quise ver la casa por dentro y así fue, aunque luego no nos interesó ni compramos esa casa pero lo que queríamos saber fue saciado.

Atraes o provocas sucesos. Puede ser inmediato o puede tardar meses o años, pero ocurre.

Una paciente me explicó sus síntomas digestivos y añadió lo malos que eran sus compañeros de trabajo. Cuando volvió a la consulta por segunda vez con el resultado de unas pruebas volvió a hacer referencia al mal ambiente que había en su nuevo trabajo (diferente al anterior). Muchos meses después, en la tercera visita dijo que un amigo le había propuesto trabajar en su empresa (un tercer trabajo diferente) donde todos hablaban mal de ella. Todo lo que dice esta persona es creíble porque sin duda la actitud que tiene uno es la causa de su vida. La paciente allá donde fuere tendría problemas con su entorno y con su aparato digestivo (las pruebas fueron normales y no justificaban sus síntomas). Ella estaba atrayendo con sus conversaciones internas, emociones y actitudes, todo lo que tenía en su cuerpo y su entorno.

No hay duda, es una ley que funciona. Cuando se reúne un amigo con otro a criticar a un tercero están ellos desprendiendo energía que tendrá una consecuencia del mismo tipo de onda con la que fue emitida. No sabemos si sobre su cuerpo o su entorno o bien en las dos cosas.

La única realidad es tu conciencia y convicción de algo y de todo. Nada existe sin que de ello hayas pensado, imaginado o referido de alguna manera. No recordamos todos estos actos porque nuestra memoria es limitada, pero es así como funciona.

Asumir el sentimiento de satisfacción es llamar a todas las condiciones para que así sea lo sentido, de esta manera tendrás la misma satisfacción por segunda vez en la vida física. Somos soñadores constantemente, tanto consciente como inconscientemente. Esos sueños toman forma cuando asumen el sentimiento de su realidad. No debes depender del pasado porque nada es imposible para tu mente. Puedes tranquilamente, imaginar experiencias más allá de lo que haya ocurrido en el pasado, tu vida será otra, tu vida es otra. Porque todo está en tu consciencia.

"El origen de tu realidad
actual está en tu consciencia"

Todo lo que puedas imaginar es posible que se pueda materializar. Todo en esta vida fue primero imaginado y luego visible. Por voluntad puedes imaginar cualquier cosa que sea buena para ti. Aquí la base del éxito, el control de tus pensamientos que son los que rigen tu vida.

LA CONCENTRACIÓN
CONCÉNTRATE EN TU OBJETIVO

"Cuando bajas el volumen hacia los demás (silencio) lo subes para ti mismo"

Normalmente los humanos tenemos metas y objetivos. Pero en muchas ocasiones no las podemos alcanzar o nos cuesta empezar. Lo hago, no lo hago, lo haré después.

Estas ambivalencias pueden controlar tu mente sin dejarte decidir por algo importante y tu vida se convierte en una rutina. Sólo tú puedes decidir qué opción ganará y eso estará determinado por la fuerza de tu voluntad.

Tú puedes, usando correctamente la fuerza de tu mente, cambiar tu vida completamente y conseguir lo que quieres, incluso aquello que parece imposible. Puedes ser la persona que quieres porque no hay limitaciones en tu pensamiento. **Tu mente no tiene ninguna limitación, su maravillosa función es ilimitada.** Puedes ser la persona exitosa, próspera y afortunada que deseas. Puedes serlo si tú lo quieres porque tu fuerza de voluntad y convencimiento provocará los medios y modos para lograr lo que deseas.

A lo largo del día tenemos entre doce mil y cincuenta mil pensamientos. Pero muchas personas tienen un mismo pensamiento repetitivo que al final puede llegar a sumar los cincuenta mil. Pensar demasiado en algo sin hacer nada para solucionarlo genera ansiedad, esta sensación es enemiga de nuestros anhelos. Pero cuando piensas mucho en algo con ilusión y entusiasmo el resultado final podrá ser positivo.

La realidad y objetividad es clara: el ser humano nunca ha podido crear nada que no haya sido imaginado primero y posteriormente impulsado con el deseo. Con la ayuda de la concentración y la persistencia lo ha construido en realidad. Cada pensamiento que tienes contiene creación en potencia. Así, si piensas muchas veces que estás enfermo tu pensamiento mueve las moléculas de tu cuerpo para producir enfermedad. Lo mismo pasa con las estructuras que están fuera de tu cuerpo, si piensas constantemente que eres pobre se producen los fenómenos en tu entorno que te conllevan a la pobreza. Esta es la forma en cómo funcionan los pensamientos, crean la realidad.

Pero para que un pensamiento se haga realidad tienes que estar convencido de ello, tener aceptación plena. En numerosas ocasiones en la consulta médica hemos visto cómo un paciente mejora su salud o se cura con tan sólo dar un medicamento "placebo" creyendo que esa composición química de la pastilla es la que le produce el cambio que le da la salud, cuando realmente ha sido su seguridad, es decir su pensamiento, el que le ha dado la salud.

Podría darte innumerables casos, pero la mejor evidencia es la que puedas vivir tu mismo, la que experimentas a partir de ahora.

Desarrollar tu concentración hacia tu objetivo eliminando los pensamientos débiles, negativos y tu energía mal dirigida será tu hábito desde ahora. Empiezas a tener tranquilidad mental y concentración pura. Tú, que eres energía única de este universo, puedes centrar tus pensamientos y crear en ti mismo una fuerza para que tu mente pase de confundida, negativa y aturdida a una mente alerta, productiva y positiva.

Cuando te concentras apropiadamente para conseguir lo que quieres, enfocas toda la energía de cada molécula de tu cuerpo y tu entorno en una sola dirección. De este modo se genera una fuerza personal. Al centrarse todas tus estructuras en la armonía, la salud y el amor como único espacio habitable produces efectos maravillosos que pueden parecer milagros.

Hacer de esto un hábito te despierta a otra dimensión. Te darás cuenta de que te encanta concentrarte en tu objetivo porque sientes felicidad. Te llena de alegría y sensaciones positivas pensar que has conseguido tu meta. Y sigues pensando en ello... hasta que lo ves físicamente conseguido.

AVANZA

*"La felicidad es una elección diaria, no la encuentras en la
ausencia de problemas sino a pesar de tener problemas!"*

Los hábitos y rutinas pueden controlar nuestras vidas y
bloquear nuestras oportunidades de nuevas ideas e
imaginación. Los hábitos producen resultados en tu vida
(entorno) y en las funciones de tu cuerpo. Y estas
respuestas del entorno generan una reacción en tu cuerpo y
en tu mente (acción-reacción). Así se repiten los días de tu
vida meses tras meses, años tras años quien sabe hasta
cuándo.

Los pensamientos generan energía y esta se libera por el
mismo cuerpo. Si generas ideas negativas, saldrán por él
con la misma intención y si son positivas vives otro mundo
totalmente diferente, agradable y pleno.

Si siempre continúas con tus hábitos monótonos sin ideas
de superación o respondiendo a todos los estímulos de
forma mecánica (acción-reacción) tus ideas de la vida se
impregnan en el subconsciente con un patrón limitado,
consecuentemente es difícil que tengas la oportunidad de
salir adelante y que tengas éxito.

"Imaginar no cuesta nada,

debes emprender el viaje de la

imaginación exclusiva a lo que te gustaría vivir"

Aun siguiendo tu rutina de quehaceres si cambias tu forma de pensar y los impregnas positivamente en tu mente tendrás esas cosas buenas.

Cuando cambias tus hábitos y forma de pensar cambia tu vida.

No te sientas débil o impotente porque tú no posees alguna cualidad. No existen limitaciones cuando tienes tu idea delante, siempre avanzando.

Mi amigo Luis en la facultad de medicina se quejaba siempre de lo descuidado en el estudio y de las malas calificaciones del compañero 'Carlitos' (con cariño en diminutivo como nos referíamos a él habitualmente). Carlitos había repetido tantos cursos y asignaturas que había llegado a conocer a tres generaciones de hermanos, no tan distantes entre ellos, médicos que habían pasado por la facultad. Cuando hablabas con él siempre hablaba de su proyecto de tener su propia clínica y darle atención médica a la mayor cantidad posible de personas. Unos 15 años después de nuestra incorporación como médicos, Luis me envió un correo explicando su asombro de cómo Carlitos era una de las personas más importantes de su pequeña ciudad porque tenía la clínica más grande, con los mejores implementos médicos y de mayor capacidad de pacientes en toda la provincia. Además de su gran éxito económico. Luis en ese correo se quejaba también de su propio sueldo y la cantidad de guardias que hacía. No es lo que llamamos inteligencia sino las emociones lo que rige.

Carlitos tenía siempre su idea fija, no veía obstáculos durante su accidentada carrera de medicina ni tenía otro pensamiento que avanzar porque lo tenía claro. Y así fue y así ha sido.

Siempre será así mientras tú quieras. Si cambias tu pensamiento cambiará el rumbo de tu deseo original. Avanza con tu idea clara. No importa tu condición. Si tu oficio actual es barrer la calles, estar en el paro, estudiante o bien tienes un alto cargo en un una empresa, tú eres fuerza creadora.

LA SALUD ES LA REALIDAD QUE TE CORRESPONDE

"El poder que te trajo aquí, es el poder que te permite alcanzar tu meta"

Eres el creador de todo lo que tienes en tu cuerpo y tu entorno. Nada existe a no ser que tú lo consientas tanto consciente como inconscientemente.

Puedes tener dolor, fiebre y muchos síntomas más sin tener una enfermedad y tan sólo imaginando que la tienes o ser sugestionado por tu entorno (el comentario de otra persona, una lectura, etc.). Y lo contrario: estar sufriendo un estado patológico y sentir el buen estado de salud al mismo tiempo, mejora o genera salud.

Pensar u observar una enfermedad sintiéndola contribuye a producir los medios para la formación de esa enfermedad en la propia mente y posteriormente en el cuerpo. Puedes observar, estudiar y conocer una enfermedad pero debes sostener el pensamiento de la verdad, que tú no tienes esa enfermedad, que estás sano, que tu realidad es la salud. Pero si no hay necesidad de conocer ni estudiar las enfermedades es mejor que no lo hagas. Es mejor vivir el mundo de las cosas agradables y dejarse llevar por ellas.

Mantener el pensamiento firme de que la salud es la única existencia cuando las apariencias parecen decir que hay enfermedad no es fácil, sobre todo si existe un dolor corporal. Pero es posible cuando intentas elevarte hacia tu 'yo superior' que controla la totalidad de la existencia, que tiene poder no sólo sobre tu cuerpo sino sobre todo aquello que los sentidos puedan percibir. Cierra tus ojos y respira profundo sintiendo la energía que recorre en cada célula de tu cuerpo. Al conseguir este poder puedes tener lo que quieras. Porque creer en la verdad, conocer que eres el creador de todo lo que existe y que tu cuerpo no es el centro del mundo sino que lo es tu pensamiento y existencia te vuelve al poder de donde has venido. El poder que lo puede todo.

Has venido de la gran energía que ha producido todo este mundo, tú y yo somos energía de una misma fuente y cuando tu cuerpo muere vuelves a la conciencia del yo superior.

"Tu cuerpo es un vehículo para experimentar

en esta vida física la divinidad de vencer esas barreras físicas"

Tenemos la oportunidad en este estado de apariencias físicas de conseguir todo aquello que nos proponemos y de alcanzar los objetivos que queramos. No perdamos el tiempo centrándonos única y constantemente en el cuerpo, ve a por tus objetivos antes de dejar este ropaje! (cuerpo) El

34

ropaje es un vehículo para superar la prueba. Tu mente es poderosa.

Un consejo que te puede parecer descabellado pero que es útil para alcanzar otros estados elevados es sentirse un ser supremo, omnipotente. No te recomiendo sentir que eres un gran hombre o una gran mujer haciendo alusión a las diferencias del sexo. Esto último lo puedes hacer, es justo, pero es más biológico que altivo. La realidad de tu ser no tiene sexo. Por tanto eres magnificencia reinante sobre todo.

Las personas que no tienen objetivos en la vida tienen un índice muy alto de adquirir enfermedades. Los que tienen ilusión por las cosas no suelen tener atención en su cuerpo y por tanto no se quejan tanto de él. Muchas personas enferman justo después de adquirir su jubilación y no es porque les toca tener una enfermedad precisamente sino porque se sienten improductivos o bien su atención ya no está en la creatividad que le mantenía ocupado.

Debes dejar todos los pensamientos que no sean productivos, todo aquello que vaya en detrimento de tu objetivo, no permitas que se apoderen de ti las ideas que destruyen tus fines o sueños. Lo que quieres entre otras cosas es tener salud. La verdad es siempre positiva, la verdad es siempre buena para ti, la verdad es lo que crees y quieres para ti.

Enfermar no siempre es producto de un pensamiento consciente de que estás mal. En muchas ocasiones son expresiones corporales de la no aceptación a una situación o de un conflicto emocional. Basta con adentrarse en las múltiples historias publicadas por la neuróloga de la seguridad social británica S. O'Sullivan: epilepsias, trastornos de las raíces nerviosas, síndromes poco habituales y hasta parálisis producidas por emociones inconscientes. Te dan una idea de lo que nuestra cabeza puede hacer sin ser conscientes de ello. Aclara en su publicación que no todos sus pacientes tienen enfermedades "imaginarias", pero la mayoría lo son.

En mi consulta soy testigo a menudo de cómo a una paciente que le duelen los pechos tras hacer la ecografía mamaria y decirle que está todo bien se le calma el dolor. Cómo puede ser esto? El medio de diagnóstico (la ecografía en este caso) es el mismo tratamiento del síntoma!

Las emociones son parte de nuestro pensamiento y la salud está ligada a nuestro pensamiento. Cuanto más preocupado vivas de las cosas o de algo en concreto no sólo que puedes provocar lo indeseado en el objetivo final sino que tu cuerpo recibe la transmisión de esa energía, catalogada de negativa, consiguiendo una alteración de la función corporal.

Experimenta lo siguiente, si quieres. Habla mal de alguien durante unos minutos con otra persona, siente lo que dices. No fallará, como mucho en 48 horas tendrás algún síntoma digestivo, o muscular/articular o urinario... hazlo y te darás cuenta del poder de las emociones. Lo que debes tener en cuenta es que el ser humano tiene una memoria muy limitada y cuando tengas los síntomas, aún sabiéndolo, no recordarás o no relacionarás la causa primordial con el efecto, pero será así.

Pero si tienes algún síntoma o enfermedad en este momento, no pienses tanto en por qué y cuál fue el motivo de ello. Abandona la idea de la enfermedad lo más pronto posible. Tu cuerpo se alimenta de la aceptación de que estás enfermo en tu conciencia y se perpetúa mientras tu pensamiento así lo crea. Este mundo es de creer, creer como sinónimo de sentimiento, sensaciones y fe. Cree por tanto que eres sano, estás y eres sano. Si pones límite a ello pensando en que la genética, los virus, etc. son inamovibles, así será para ti. Por tanto practica el buen pensamiento, te sorprenderás y querrás volver a experimentar cosas nuevas. No te quedes con el conocimiento de esto, practícalo. Todo lo que te ocurre es producto de tu pensamiento. Activa y usa sólo el buen pensamiento.

NO HAY OTRA VERDAD QUE LO QUE TU PENSAMIENTO DICE

"La única realidad es la que hay en nuestra conciencia"

Tu pensamiento está lleno de cosas positivas y buenas para ti. No hay espacio para otro tipo de pensamientos. Habita en la idea y fija en tu mente la alegría de la salud, vive en ese estado porque tú perteneces al estado de salud y de que todo te va bien, de que eres exitoso/a.

Tu pensamiento llama y crea las cosas. Tu mente mueve tus células. Piensa e imagina ahora mismo que un cuchillo muy afilado corta un limón en dos mitades, exprime una de esas mitades en tu boca, siente cómo el jugo de limón toca tu lengua y entra en tu boca, y nota como ahora mismo tus glándulas salivales han secretado saliva en tu boca. Es fabuloso! Así mismo piensa en lo bien que trabajan tus partículas del organismo, te aseguro que se mueven armoniosamente, debes estar convencido de ello porque es así.

Tu vida está llena de cosas buenas y si en algún momento tu pensamiento se desvía a lo negativo o dudas de que sea así, abandona inmediatamente esa idea como si fuera un pecado o una infracción grave. Tu libertad se mueve en la verdad, en la salud y en lo bueno.

No escuches argumentos *en contra de lo que quieres*, no leas sobre aquello que va *en contra de lo que quieres*, no percibas por ningún sentido lo que *está en contra de lo quieres*. Si mezclas tus pensamientos todos tus esfuerzos no servirán, te estarás dejando dominar por la no verdad y tú perteneces al cien por ciento a la verdad. Siente la verdad, recíbela con toda la plenitud y disfrútala. No importa el síntoma que sea, el diagnóstico que te hayan dicho que tienes, no importa lo que tus padres y abuelos en teoría te heredaron en tu cuerpo, no importa qué es lo que has creído y creado antes, ahora conoces la verdad y has venido a este mundo a vencer y por tanto el plano físico no es un obstáculo para ti.

Las personas que dejan influenciar negativamente sus objetivos por lo que dicen otras personas no llegan jamás al éxito. Sé firme en tu decisión, tú tienes el mando de tu realidad que es la realidad.

Cuando hablas con gente que ha tenido éxito en alguna área de la vida te das cuenta de que todos ellos tienen un denominador común, creen firmemente en que lo que hacen triunfará. Esa creencia puede hacer que las personas tomen decisiones que van a favor del desarrollo de su objetivo y aunque se puedan equivocar, siempre el resultado final es favorecedor. Esto se aplica a cualquier cosa de la vida, ello incluye la salud, una simple exposición de charla a un grupo de personas, un estudio, un negocio, etc. Lo que ocurra está en tu mente.

Pero desde el momento en que dudas, no crees en ello sino en lo opuesto, perderás las armas para alcanzar tu meta. Afortunadamente puedes cambiar tu pensamiento si te das cuenta de inmediato de que estás errando en tu forma de pensar para no permitir que los pensamientos no deseados tengan cabida en tu cabeza.

Tu pensamiento manda y es la base de toda existencia. No hay nada en este mundo que pueda arrebatarte la libertad de tu pensamiento, aún dejándote llevar por alguien o creencia, siempre será voluntad tuya. En tu interior puedes pensar cualquier cosa y eso eres tú, no es nadie más. Tú riges sobre todo, pensando lo que quieras y tu pensamiento es infinito. Es infinito e invencible. Es la raíz de la materialización de todo lo que tus sentidos perciben.

Cree en aquello que deseas, viviéndolo en tu interior como si lo estuvieras viviendo en el exterior. Toca, observa, oye, huele todo lo que implica el cumplimiento de tu objetivo. Es fascinante comprobar una y otra vez como la vida física es sólo un reflejo de lo que hemos pensado.

Cerrando los ojos y aquietándose es más fácil percibir lo que tu imaginación quiere proyectar. Todo lo que permitas entrar en tu pensamiento de esta manera y de forma reiterada vendrá de una u otra manera a tu vida física. Piensa una y otra vez en lo que quieres con una sensación de felicidad y satisfacción de haberlo conseguido. No hay otra verdad que lo que tu pensamiento dice.

QUÉ PASA SI TIENES UNA ENFERMEDAD

"Así cómo puedes provocarte una enfermedad porque lo crees o por sugestión también puedes curarte"

Entonces: "Quieres decir que el dolor de barriga que siento, la alergia a los frutos secos y la arritmia cardiaca que tengo son falsos? Estoy sintiendo cómo afectan a mi salud!"

No es una negación a lo que sientes, es una afirmación de la realidad: eres el creador de todo lo que tienes en tu cuerpo y tu entorno. Nada existe a no ser que tú lo consientas tanto consciente como inconscientemente.

Mientras tus médicos se encargan de tu problema corporal tu pensamiento debe ser puro hacia ti, piensa en lo maravilloso que te sientes en este momento ahora y tampoco digas "me pondré sano", di "estoy sano", "soy sano". No concentres toda tu atención en tu cuerpo, él es un vehículo en esta vida para conseguir tus objetivos y no el resultado final de la vida. El resultado final es la gloria de dominar tú sobre tu cuerpo y el resto de acontecimientos a tu alrededor.

Déjanos a los médicos que nos ocupemos de tu enfermedad mientras tú haces tu vida por tu cuenta sin hablar de tu problema.

"No hables de la enfermedad,

no digas soy enfermo de... o estoy enfermo de..."

No hables del problema de salud, no pienses constantemente en ello, hacerlo genera más dolencia. Tu pensamiento mueve las células, genera más mediadores bioquímicos y ello debe ser para bien. Entra en estado grandioso de salud, bienestar y éxito cerrando tus ojos y percibiendo la grandeza de ser tú, de percibir la vida con cada inspiración.

Siéntate cómodamente o acuéstate en la cama, di y siente: "soy sano, soy sano, soy sano", repítelo y si sientes sueño está bien, sino también es bueno, debes sentirlo, debes vivirlo. Ese mensaje llegará a tu conciencia y a tu subconsciente.

El resto del día sé positivo en todo, piensa en que todo lo que te envuelve lo has creado tú y lo has atraído y cuando puedas maravíllate de lo grandioso que es esta vida a la que has decidido venir.

En algunas salas de espera se oye hablar a los pacientes de sus enfermedades. Cuando he tenido que realizar ecografías prostáticas, en diversas ocasiones la auxiliar de enfermería dice que al salir a la sala escucha cómo un paciente se jacta de tener la próstata más grande que el otro señor. Por qué no se pelean en tenerla normal? Cuando se acaba el tema de la próstata la "competición" es de quien tiene más cirugías en el cuerpo. Estas conversaciones son la base del desarrollo de una enfermedad ya existente y el llamado a otras nuevas.

Vas a continuar con la dolencia (física o abstracta) que tienes, por el resto de tu vida? Todo lo que te ha causado dolor y te causa actualmente quieres vivirlo por el resto de tus días? Quieres realmente un cambio! y quieres ser feliz en todos los aspectos! así que empieza a sentir ahora esa felicidad. Siente la fuerza poderosa de tu ser que ha venido a esta vida física para experimentar la gracia y poder sobre tu cuerpo y las cosas del mundo. Tú riges sobre todo, tu cabeza es el origen y el final de todo. Tu mente manda a tus células y a tu entorno. Convéncete de la realidad: eres la energía que gobierna este universo.

Anula todo tipo de pensamiento e información que te pueda sugerir enfermedad. Eres sano y tu mundo es exitoso, créelo es la realidad. Visualízate viviendo en un cuerpo sano porque es el sitio de tu verdad.

SENTIR ES FUNDAMENTAL

"Soy hijo de la energía de la creación o Dios como quieras
llamarlo, por tanto soy Dios e infinitamente creativo y tengo
poderes. Qué mejor que esta realidad para poder ejecutar todo lo
que quiera?"

Este mundo funciona por sensaciones, emociones. Por tanto aunque digas algo si no lo sientes no será así.

Por ejemplo si quieres comer un plato concreto, recuerda su olor y su sabor y siéntelo en tu nariz y en el interior de tu boca, vívelo disfrutando en tu imaginación esa agradable sensación. Convéncete de que lo estás comiendo, mientras percibes con el olfato y el gusto imaginarios. Lo verás en la realidad física así. Generas las vibraciones para que se produzca viviendo en el presente la sensación.

No lo cuestiones, tampoco lo creas. Experiméntalo tú mismo tal como te lo explico, hazlo con esto y con otras cosas, las que tú quieras pero siempre sintiendo como si fuera real (tacto, olfato, vista, etc.) en el momento presente.

"El éxito está en tu cabeza"

Cualquier cosa que no creas será así para ti. Creer es sentir. Creer es una aceptación. Creer es producir una realidad.

Durante un tiempo, cada mañana, cuando me cepillaba los dientes, me venía un pensamiento involuntario, sentía cómo se acercaba a la puerta del baño un delincuente que quería golpearme con una barra de hierro, nunca recordaba esto sino cuando estaba en el lavabo cada mañana, pero hacía un esfuerzo para evadir ese pensamiento absurdo. Esto estuvo en mi cabeza por aproximadamente un año hasta que me ocurrió lo siguiente: Un día que regresaba del taller de escultura a casa, decidí coger el metro y no caminar. Al pasar por la puerta automática que permite la entrada a los andenes, se acercó a mi espalda, muy de cerca, un hombre para pasar con mi ticket sin que él hubiera de comprar uno. Pero yo no sabía que estaba pasando al verlo tan de cerca me giré y llevé mi mano a la cartera pensando que su intención era robarme. El hombre con cara de mal encarado, muy alto y de rostro espeluznante levantó una barra de pan baguette que llevaba en una de sus manos y me amenazó con golpearme con esa barra de pan si no lo dejaba pasar (te puedes imaginar cuánto daño puede hacer una barra de pan, pero ese momento no sabía qué era, yo vi una barra de hierro), lo dejé pasar y me aparté súbitamente y grité policía! con voz de auxilio y desesperación. El hombre huyó bajando por las escaleras y se fue en el primer metro que pasó mientras yo estaba impávido aún sin apenas poder avanzar. Cuando se alejaba vi que lo que llevaba en la mano era una barra de pan. Al llegar a casa me di cuenta de que lo que me había ocurrido era prácticamente lo mismo que lo que el pensamiento repetitivo y parásito me abordaba cada vez que me cepillaba los dientes. El aspecto de delincuente que yo vi era semejante al de mi cabeza, la barra de hierro era un pan.

Te invito a sentir cosas buenas, a esperar noticias buenas. Que mi experiencia te sirva. Tú experimenta con cosas buenas.

No te veas reflejado en una pantalla como en una película. Vive lo que quieras experimentar en primera persona. No mires tu película, vívela en primera persona, mira tus manos como actúan formando parte de tu propio cuerpo, siente cómo tus pies pisan el sitio que quieres visitar, no veas cómo caminas a lo lejos. Toca y siente el tacto, no mires cómo tocas a lo lejos. Vive ahora siendo tú sin salirte de ti.

Sentir en tu mente como si oyeras, si tocaras o vieras es parte de la creatividad física. Tu conciencia es la única verdad.

TU ENTORNO

"No esperes a que la ciencia (o la televisión) exprese la forma de cómo funciona el cerebro o la vida sino que experimenta ahora porque todo está en ti"

Leer sobre algo produce más sobre lo mismo. Hablar y comentar siempre alguna cosa en concreto produce eso de lo que hablamos. En el campo de la medicina se habla mucho del incremento de algunas enfermedades, del aumento de personas con una determinada patología y no somos conscientes de que al hablar mucho de ello estamos incentivando la creación en la mente de estos padecimientos. Cuando una persona habla o piensa del mal ambiente que tiene en su trabajo no está haciendo otra cosa que producir más malestar en él. Nuestro pensamiento debe ser íntegro en la verdad. Repite: soy sano, soy una persona exitosa.

No debes dejar pasar a tu conciencia a las influencias negativas, sean cual sean sus orígenes.

Para no permitir el paso de esas fuentes negativas a tu conciencia debes alejarte de las noticias desagradables que puedan llegarte. Reflexiona sobre esto: la vida lleva "existiendo" miles y miles de años, tú estás aquí por una miseria de tiempo (70, 80 o 52 años) de todo ese largo recorrido de vida que existe. Todo el tiempo, desde sus inicios, esta vida ha tenido crímenes, injusticias, desfalcos, accidentes, etc. desde antes que nacieras, mucho antes y después de tu muerte seguirán habiendo. Por tanto, el poco tiempo que estás aquí, te vas a quedar impávido llenando tu cabeza de esos acontecimientos que lo único que hacen es provocarte situaciones negativas a tu salud y fracaso en tus objetivos? Anula todo eso, aprovecha estos días, disfruta tu volátil vida terrestre haciendo lo que más te gusta, no te enfermes con lo que está pasando al otro lado del mundo, no harás nada tú más que enfermarte. Si algo puedes hacer es pensar e imaginar que toda la población es feliz y que vive en armonía. Eso genera unas ondas positivas que te benefician a ti y a la humanidad entera.

Lo mismo para la prosperidad. Cuando los noticieros hablan retóricamente de las crisis, la población asume que vivimos todos una crisis. Pero la no conciencia de una situación por más real que sea te da vía libre a tu camino. No escuches las dificultades económicas de tu región, país, etc. tú puedes salir adelante independientemente de lo que digan los medios de comunicación, no dejes condicionar tu vida por el comentario o criterio de alguien. Vive firme tu sueño, que es tu éxito.

"Las malas noticias del mundo te generan angustia y alteraciones biológicas. Estos problemas universales han existido siempre, te irás de esta vida espantado y sin conseguir tus objetivos."

Recuerda: la vida lleva "existiendo" miles y miles de años, tú estás aquí por una pocas decenas de años, ahora y tú son la única realidad. Mientras estés en ese cuerpo burla a esa naturaleza creando con tu imaginación la realidad física.

Te darás cuenta de que cambiando tu forma de pensar hacia lo bueno, agradable y armónico cambiará también tu entorno. Esto explica por qué tenemos a los compañeros de trabajo que tenemos, clientes, vecinos, amigos, etc. La raíz de tu vida está en tu pensamiento y si te dejas llevar por todo lo malo que se oye, que siempre ha existido y existirá, condicionarás tu corta vida física al malestar.

Cuando alguien te hable mal de otra persona, cambia sus palabras mientras las oyes, por elogios y cosas buenamente asombrosas. No importa si tu expresión cambia delante de esa persona, no importa lo que digan, tú sabes en qué consiste esta vida. Lo malo de otro es lo malo de ti. No participes de las críticas ni de las desgracias, ellas son eternas, de aquí a mil años existirán también, pero tú en este mundo tridimensional, estás jugando con el tiempo y el espacio lo cual tiene un límite. Eres superior a cualquier cosa. El entorno y lo que te llega es bueno cuando tu pensamiento es bueno.

TU IMAGINACIÓN

"Al ser hijos del universo somos herederos del poder de la creación por tanto la prosperidad es un derecho de nacimiento"

La vida nos impulsa a alcanzar más altos y superiores niveles de conciencia cada vez y se manifiesta por medio del deseo. Usando la grandiosa imaginación humana para lograr esos deseos el ser humano realmente está viviendo a Dios en acción. Dios está dentro del ser humano como la imaginación.

"Tu propia imaginación humana es Dios en movimiento"

El hombre puede tener muchos objetivos y metas, bienes, poder sobre una comunidad, ser famoso, etc. pero al final le vendrá el deseo de conocer a Dios y tendrá entonces experiencias que le recordarán que él es el verdadero y único Dios.

SI QUIERES CAMBIAR TU MUNDO DEBES CAMBIAR TUS CREENCIAS

"La vida es producto de una esencia que gestionamos mediante la voluntad y los deseos"

La conciencia es la única causa de lo que ocurre, no puedes culpar a los demás por las condiciones que actualmente pasan por tus sentidos. No es el destino ni la suerte la causa de lo que ahora experimentas. Sólo un cambio en tu propia conciencia puede alterar el curso de los acontecimientos de tu vida. Cualquier cosa que en este momento está pasando en tu vida y que tú lo ves real e inmodificable es un reflejo de tu movimiento mental en el pasado. De este modo un cambio de pensamiento-conciencia, independientemente de cualquier situación, reflejará el cambio en el futuro igual que los pensamientos anteriores te han condicionado el presente.

Todo lo que perciben nuestro sentidos, lo que oímos, leemos, olemos, etc. forma en nuestra conciencia una creencia a partir de esa evidencia que hemos aceptado. Nuestra mente las acepta como ciertas y les otorga un sentimiento forjándolas al mundo exterior. Si un pensamiento no ha estado asociado a una aceptación o sentimiento no se proyectará.

"Estás seguro de que mañana será otro día, por eso hay otro día"

Así, todas las creencias y emociones buenas o negativas son creativas. El objetivo por tanto en nuestra calidad de vida es no permitir el paso a nuestra conciencia de todas las señales negativas. A que no dejarías dormir en tu casa al delincuente buscado por la policía? No permitas que entre en tu conciencia todo aquello que te genera una sensación negativa.

El paraíso está en ti, todo lo agradable que puedas sentir en salud, en beneficios, en amor está dentro de ti y eso te hace vivir el paraíso. Cuando eres más que tu cuerpo y sientes la poderosa existencia sabiendo que eres el creador de todo cuanto existe estás viviendo en el paraíso.

Tus pensamientos se hacen realidad. Repite "Mis pensamientos se hacen realidad" una y otra vez "Mis pensamientos se hacen realidad". Hacerlo te hará consciente de esta ley natural. Piensa ahora que eres sano y exitoso.

Vivimos lo que vivimos porque aceptamos lo que nuestra mente pasivamente acepta. Cuando nos damos cuenta de que podemos modificar esas aceptaciones debemos cambiar sin miedo a lo que queremos, aunque ello traiga consigo un cambio de tu discurso. No temas del qué dirán. Las personas a tu alrededor podrían decir que estás siendo poco realista al hablar de un deseo que parece difícil o imposible de alcanzar. Más bien nosotros debemos ser poco o nada realistas delante de la inmensidad de dudas para poder experimentar nuestro deseo cumplido. El hábito es lo único que mantiene a nuestra mente moviéndose en los viejos y negativos caminos familiares. Nadie puede cambiar tus patrones de pensamiento y por tanto tu vida, sino sólo tú. Merece todo esfuerzo para que puedas centrarte y sentir cómo sería si ya tuvieras lo que sueñas, en lugar de seguir manteniendo en tu mente las cosas como son en este momento.

Tu conciencia es la única realidad y la única causa de todo. Todas las experiencias desagradables que has vivido estuvieron previamente en tu mente dándoles tu atención directa o indirectamente ligándola a un sentimiento. Por lo tanto, si quieres cambiar tu mundo debes cambiar tus creencias. Todo lo que tu conciencia ha hecho, lo puede deshacer. Tu función primordial es fijar e imprimir en tu mente el cambio que deseas expresar. Tu mente es el poder creativo que produce la realidad que se está cumpliendo a cada minuto.

Lo que imaginas con sensaciones o emociones se proyectará mañana. Sé persistente asumiendo que eres la persona que quieres ser a pesar de tus circunstancias actuales. Cambia tus creencias. Entra en tu imaginación y asegúrate de que estás ejecutando la acción realmente, tocando un objeto, oyendo las palabras que quieres oír. Debes entrar en el sueño como si realmente estuvieras allí. Haz del allí el "aquí" y del futuro el "ahora". Cambia tus creencias que cambiará tu mundo.

CONVERSACIONES MENTALES

"La mejor aportación que se pueda dar a la humanidad es enseñar la capacidad de alcance de la mente. Es la base de todo desarrollo personal y de la sociedad"

Todos hablamos mentalmente o mantenemos conversaciones en nuestro interior de diversas situaciones con nosotros mismos o con otras personas. Estas conversaciones internas deben estar en armonía con nuestro deseo ya cumplido. Así por ejemplo si queremos mejorar nuestra salud y nos imaginamos que le decimos a un amigo "me siento estupendo, estoy muy contento" tendremos que pensar cosas que se correlacionen con ese estado. Debemos estar seguros por dentro que lo que decimos lo estamos sintiendo y no lo contrario como por ejemplo "este problema es crónico, no lo solucionaré" o "a mi edad es muy difícil que se cure esto" o declaraciones parecidas que implicarían que no tenemos lo que deseamos. Debemos persistir en la sensación de nuestra imaginación positiva y hacer que nuestras conversaciones se ajusten a lo que diríamos si ya hubiésemos alcanzado nuestro objetivo.

Mi amigo Antonio me dijo en una ocasión que su hijo post-adolescente tenía una conducta difícil hacia él y que su rebeldía complicaba la relación padre-hijo, que llevaba así

61

mucho tiempo y cada vez que intentaba hablar con él resultaba una situación muy desagradable. Esto le atormentaba. Yo, habiendo conocido y experimentado la capacidad del pensamiento, le propuse que imaginara cada noche antes de ir a dormir, que aquello que lo que quería transmitir a su hijo lo admitía como agradable y que desarrollaba una conversación encantadora oyendo la voz de su hijo diciendo "gracias papá". Así lo hizo. En nuestro siguiente encuentro en Madrid, Antonio me dijo que con su hijo había mejorado sustancialmente la relación. Estaba sorprendido.

No hay nadie a quien cambiar en la vida práctica sino a uno mismo. Cambias tus pensamientos y cambará tu entorno.

Nuestras conversaciones mentales son tan creativas como nuestra imaginación conducida al deseo cumplido. Son más fuertes siempre los pensamientos negativos que los positivos porque son más fáciles de creer para ti.

Después de una discusión con alguien es habitual que revivas lo ocurrido pensando y volviendo a decir las cosas que ya dijiste o cambiándolas por otras o bien añadirlas. Tu pelea sigue de forma virtual, lo cual prolonga la vida de la riña. Pero esto ocurre sin que hayas tenido una pelea con alguien, esto pasa cada día. Estás hablando constantemente en tu interior. Normalmente estas conversaciones internas están ligadas a un sentimiento y esto condiciona tu vida a que ello ocurra. Lo he experimentado innumerables ocasiones, mis conversaciones conmigo mismo o imaginariamente con otra persona llegan a materializarse parcial o completamente.

Después de tu jornada habitual o incluso durante ella, conversa contigo o con otra persona imaginariamente, sobre lo que te gustaría o te hubiera gustado que pasara. Escucha cómo te están diciendo cosas buenas y tú agradeces. Si ha ocurrido algo que no ha sido de tu agrado, revierte lo acontecido en tu mente, hablando tal y como te hubiera gustado que fuera.

No te vayas a dormir protestando sobre algo o reviviendo las cosas que no han sido buenas. Cámbialo todo en tu maravillosa mente, que en este mundo de reflejos lo verás materializado.

Las conversaciones mentales son los elementos más frecuentes de condicionamiento de nuestras vidas porque están ligadas normalmente a una creencia o sensación como si lo que vives en tu mente fuera realidad. Los problemas del trabajo, con un familiar o un amigo, todo lo puedes cambiar en tu mente con una charla amena tal y como te gusta. No te desvíes a lo desagradable, recuerda que la mente humana tiende a creerse con más facilidad lo negativo.

Haz un cambio radical y no olvides esto nunca. Habla con alguien siempre en tu mente de cosas buenas. Habla contigo mismo si no se trata de resolver algún problema y di "cuánto éxito tengo".

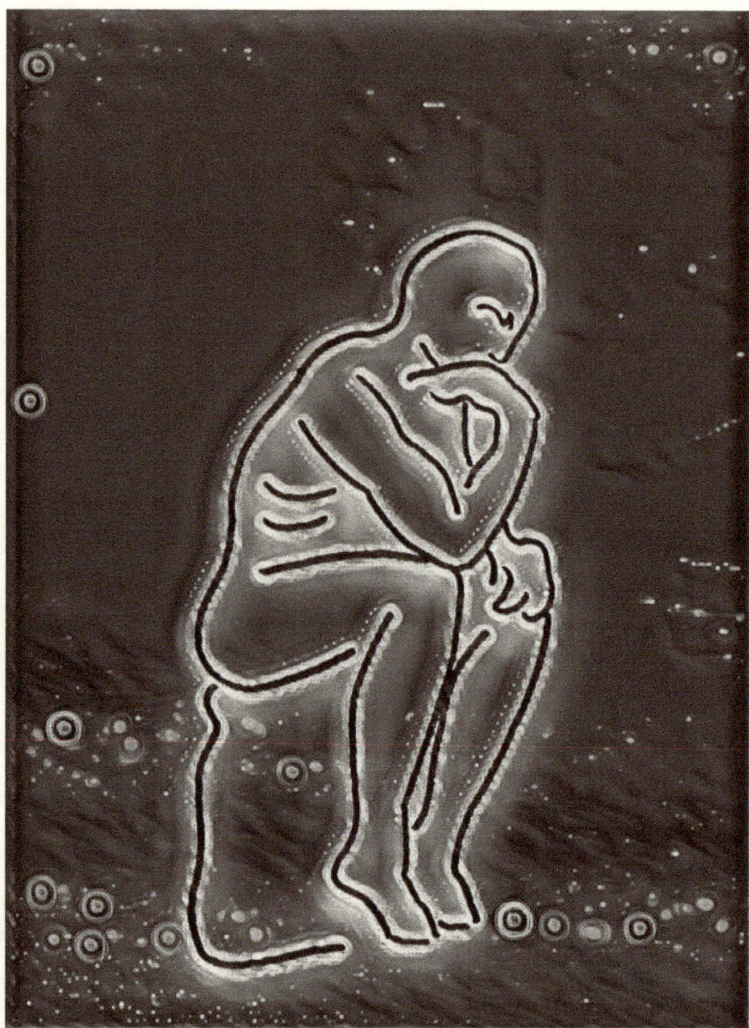

TENDENCIA NEGATIVA

"Modificar la vida cambiando el estado mental es el gran descubrimiento que actualmente estamos viviendo. Podemos en base al pensamiento positivo, productivo, de salud y prosperidad mejorar y llegar a una gran calidad de vida"

El ser humano posee una predisposición a pensar negativamente en la mayoría de sus actos diarios u objetivos: "no saldrá bien este proyecto", "tendremos un accidente seguro", "te robarán todo lo que tienes", "con este frío cogeré una neumonía"... Esta característica general del hombre produce su vida de la misma manera.

"La tendencia a pensar negativamente hace

que nos quedemos muchas veces en nuestra zona de confort.

Si no arriesgamos no ganamos"

Este es un gran obstáculo que tenemos para avanzar en todos los aspectos de la vida. Es más fácil que creas que no puedes que pensar que lo consigues, eso ya lo tiene asumido tu subconsciente por eso predomina delante de un deseo positivo. Vencer la negatividad es el propósito y romper con esa costumbre alimentada por el entrono o por nosotros mismos.

El 16 de abril el 2.016 a las 6:00 pm hubo un terremoto en Ecuador, una de las ciudades más desbastadas fue Portoviejo, lugar donde nací, por cierto también un 16 de abril pero a las 6:58 am y 43 años antes de esta desgracia. Cuando ocurrió este terrible suceso el administrador de un hotel quedó atrapado bajo los escombros (como le pasó a centenares de personas) y fue rescatado con vida después de estar dos días sepultado. Fue llevado al hospital y al salir le preguntó un medio de comunicación que cómo vivía el luto de toda su provincia a lo q él respondió "qué luto? La gente ya está trabajando por salir adelante". A los pocos días otro medio de prensa lo fue a entrevistar pensando que estaba guardando reposo y en proceso de recuperación y no lo encontró en su casa, había salido a comprar materiales de ebanistería porque estaba ya trabajando y dijo al volver a su casa mientras cargaba unos bloques de madera "no necesito ayuda de nadie, solo quiero trabajar, hay q salir adelante..!" Sorprendente! este hombre no miró atrás en ningún momento, durante su desgracia bajo escombros siempre consciente de lo que ocurría, miró y vivió el futuro optimista q lo sacó de allí y continuó con su pensamiento positivo que le dio una nueva vida.

Es la diferencia entre negatividad y positividad en tu mente. Se reflejará en tu vida de diversas maneras. Sé siempre positivo.

Como te he explicado en el capítulo anterior, es una predisposición de la mayoría de los seres humanos que todo lo negativo que viene a nuestras mentes sea más fácil

66

de creérnoslo. El miedo, la inseguridad, la duda son predominantes. Pero la buena noticia es que puedes darle la vuelta a ese hábito. Primero siendo consciente de que tú estás creando la realidad a medida que piensas y segundo intentando recordar esto siempre. La vida de cada día nos aísla de estos conocimientos y mientras te ocupas de las cosas habituales puedes no recordarlo, pero cuando haces de ello tu forma de vida te será muy fácil. Sabiendo esto, las cosas que te vayan ocurriendo y te provoquen alguna emoción también te recordarán que es tu pensamiento quien lo ha producido.

No permitas que la tendencia negativa se apodere de ti. No oigas las cosas que van en contra. El entorno puede ser no favorable a tu idea. Resiste y huye de lo que digan. Tu pensamiento es más poderoso que cualquier otra energía. Mantén tu pensamiento a pesar de que los noticieros digan que la situación de tu país es mala o de que las personas te digan que lo que estás haciendo es descabellado. Todo lo que aceptes y creas así será para ti independientemente de lo que haya a tu alrededor.

Provocas absolutamente todo lo que tienes dentro y fuera de ti. No juegues al negativismo porque ya sabes qué te esperará. Las tendencias negativas son las causantes del fracaso y de algunas enfermedades. Renuncia a ello y vive la bondad de lo agradable.

REVISA EL PASADO A TU MANERA

(como deseas que hubiera sido)

"Estamos armoniosa y afortunadamente presos en el espacio-tiempo de esta vida física para generar sensaciones que no dependen del espacio-tiempo. Cuando imaginamos sintiendo, podemos vencer al espacio-tiempo y tener lo que queremos"

Todo lo que vives en este momento es producto de lo que crees verdadero para ti mismo en todos los aspectos. Lo que te imaginas ser hoy se refleja en el futuro. Lo que ves aparecer en tu mundo presente indica lo que has sembrado con tu pensamiento previamente tanto si lo recuerdas como si no.

Tener la sensación de tu objetivo cumplido es usar tu pensamiento de forma creativa para atraer a tu mundo lo que quieres experimentar. Puedes cambiar en tu mente hechos que han ocurrido en el pasado imaginado lo que te hubiera gustado que haya ocurrido, siempre con el resultado final más deseado. Así, si tu jefe en el trabajo te ha dicho algo desagradable, no revivas lo ocurrido, imagina que te felicita y te dice "estoy muy contento con lo que has hecho" o "te felicito", siéntelo, escucha su voz, olvídate de lo que tus oídos escucharon y vive tu nueva realidad. Si reaccionas sintiéndote deprimido o asumiendo cualquier otro estado negativo, volverás experimentar el mismo estado negativo o rechazo en el futuro.

Es importante revisar el día que has vivido, anulando las reacciones negativas que has tenido de tal manera que, revivas la escena como te hubiera gustado haberla vivido y no almacenar en tu memoria ese mal recuerdo.

"Lo ocurrido puede ser modificado si revisas a tu antojo lo vivido. Esto es movimiento spin de las moléculas"

Eso que tú piensas con sentimiento o alguna emoción es una vivencia real, lo vivirás y experimentarás en tu vida física. Todo lo que vives es producto de lo que antes has sentido en tu interior. La vida exterior es un reflejo de la vida interior en otro momento en un lugar determinado. Revisar de esta manera el pasado produce un cambio en los acontecimientos ya ocurridos.

Es salud revisar el pasado y cambiarlo. Si vuelves a vivir heridas del pasado, injurias, peleas o injusticias estás perpetuando esas vivencias y te creas un bucle del cual no sales. Si recuerdas constantemente lo injusto que fue tu ex-pareja te encontrarás con otra persona que te haga vivir las mismas sensaciones o similares. Se debe cortar con todo lo que no deseas cambiándolo por sensaciones totalmente agradables, tú mandas en tu mundo, las personas y entorno

70

sólo te sirven a lo que dispongan tus sentimientos y emociones.

Igual que te he explicado en el capítulo de "conversaciones mentales", revivir en tu mente una situación concreta provoca los cambios en el mundo tridimensional. No importa lo que ha ocurrido. Revive lo que ha pasado de la forma en como te gustaría que hubiera ocurrido. Tu nueva vivencia en la vida física pasará si no es igual completamente será muy similar a tu deseo.

Las estructuras más diminutas de todos los objetos inertes y vivientes están en constante y rápido movimiento y no es posible definir el sitio exacto en un momento determinado de esas estructuras. Tú decides dónde y cuándo están todas y cada una de ellas y siempre acertarás. A esto lo llamamos física cuántica. Debería llamarse simplemente física porque es lo que ocurre a cada segundo en este mundo físico.

Mueve las moléculas con tu mente en el tiempo ya transcurrido al sitio que quieres, siempre habrás acertado. Lo que quieres: donde está en el presente también estuvo en el pasado y estará en el presente, sea concreto o abstracto. Lo tienes, sólo debes quererlo.

HABLAR DEL FUTURO SIEMPRE SE QUEDARÁ EN EL FUTURO

"El futuro es la consecuencia del presente. Si siempre piensas en en futuro no llegará tu deseo porque se mantiene en el futuro"

Una máxima de las personas que tienen éxito es pensar siempre que lo que quieren ya lo tienen. Esto nos lo han dicho muchas veces y somos reacios a creerlo pero es tan cierto como que existimos.

El tiempo es mesurable en nuestras vidas pero no lo debe ser si ves con tu ojo interno lo que deseas como si ya lo tuvieras. Cuando imaginas algo debes anular tus cinco sentidos corporales y el sentido del futuro y pasado. Vives en un eterno presente. Pensar en "tendré", "viviré", "seré" son y serán siempre futuro y no los alcanzarás si no sientes, tienes, vives y eres en el presente. Puedes hablar en futuro pero si lo que dices lo sientes en este momento como si fuera ya ahora, estás bien encaminado. Un ejemplo de esto es la tenacidad temprana de Salvador Dalí diciendo a los 15 años de edad:

"Seré un genio, y el mundo me admirará. Quizá seré despreciado e incomprendido, pero seré un genio, un gran genio, porque estoy seguro de ello."

73

Dalí se sintió genio desde la adolescencia expresándolo en futuro pero afirmando su seguridad en presente.

Mi recomendación sin embargo es: **Piensa y siente ahora.** Dite a ti mismo "soy…..(pon aquí lo que quieres ser)" y "me encanta ser…..", "soy todo un éxito".

Tu imaginación es siempre presente. Los recuerdos los vives en el presente y llaman al pasado, así que mientras no sean buenos, deséchalos sino estás condenado a vivir siempre en lo mismo.

El éxito se consigue ahora, imaginando en este momento, sintiendo ahora. Debes sentirlo de la forma más real posible y con la mayor cantidad de detalles.

La sensación del futuro es producto de la conciencia de que avanzamos exclusivamente hacia adelante y de que el tiempo no perdona. Del pasado pensamos que ya ha pasado y que lo hecho, hecho está. Cuando vives con estas sensaciones es así para ti en tu vida diaria y todo lo que pienses en futuro se quedará en el futuro. A no ser que mientras hables en tiempo venidero estés sintiendo interiormente el ahora. Siempre lo que sientes es lo que predomina. Mientras hables sin creértelo ni sentirlo, lo que digas no tiene fuerza de ejecución.

Si yo quiero saber quién eres, te pediré que me hables de ti. Entonces me dirás "soy…" "tengo…". Si te pregunto quién te gustaría ser, me responderás diciendo "quisiera ser…", "me gustaría tener…". Ahora mismo responde a mi pregunta **Quién eres?** Y responde por favor en primera persona del presente lo que te gustaría ser. Háblame de ti, de lo que quieres ser, sintiendo lo que anhelas ser ahora, no me digas que en el futuro serás, explícame lo afortunado que eres y de lo feliz que te hace ser y tener lo que tienes. Me gusta escuchar tu realidad exitosa.

No pienses en que el tiempo pasa y no consigues tu objetivo, eso genera una sensación desagradable o negativa y ello a su vez limita la ejecución de tus sueños. Todo llega si lo haces bien y nunca es tarde.

Necesitamos de los relojes y los calendarios pero úsalos para lo estrictamente necesario, no para desesperar por lo más importante de tu vida. "Qué bueno saber que tenemos tiempo para imaginar!" Es el pensamiento que debemos tener en lugar de quejarnos de que lo deseado no llega.

Existen personas que se quejan hasta de no tener tiempo para pensar. Es difícil pensar eso. Sólo el momento que necesitas para ir al lavabo es un tiempo crucial para pensar. O cuando el semáforo está en rojo y tienes que esperar un momento en tu coche hasta que cambie la luz al color verde. Aprovecha cada momento para pensar en positivo, en imaginar tu objetivo, en tener una conversación favorable o cambiar el pasado. Pero en tiempo presente.

La sensación de pensar en tiempo futuro no tiene fuerza creativa. Cuando cambias al presente sientes la energía del sueño realidad. Cuánto cuesta eso? Nada. No hay excusas ni razones. El tiempo es siempre ahora. Empieza a sentir todo lo que quieres ahora y en primera persona.

VIVE EL FINAL

"La aceptación del fin manda a los medios"

Siéntate en una silla cómoda o recuéstate sobre una cama, cierra los ojos e imagina con una sensación real que estás viviendo lo que quieres. Debes imaginarlo con detalles, pero algo en concreto.

Imagina que le pides a un amigo todopoderoso y generoso algo sin saber qué pedir, por ejemplo "quiero algo que me haga sentir grande" no sabrá qué darte pero si le pides algo en concreto diciéndole quiero tener ese reloj de tal marca y de tal modelo y de ese color, tu amigo sabrá qué entregarte. Así debes imaginar tu deseo, con detalles.

Ese acto debe ser corto y repetido, porque cuando piensas varias o muchas cosas, tu mente tiende a divagar y pierdes el sentido de tu concentración. Por ejemplo, quisiera ser contratado en "esa" nueva empresa, lo que debo hacer es imaginarme dentro de uno de sus despachos mientras el jefe me da la mano diciendo "bienvenido a su nuevo trabajo" y siento su mano como toca mi mano como un gesto de felicitación. Este método de sentir la mano de alguien en concreto diciendo lo que quiero escuchar me ha servido a mí personalmente en diversas ocasiones para conseguir lo que yo esperaba. Pero puedes hacer infinidades de cosas según lo que quieras, abrir una puerta, ver como tus pies caminan por un sitio en concreto, decir que te sientes estupendo, saborear algún alimento, sentir la presencia de alguna persona determinada, etc.

"No es de tu asunto saber cómo obtendrás tu objetivo.

Intentar conocerlo es sinónimo de ansiedad y trunca el camino"

No pienses en los medios de cómo adquirir algo

Debes imaginar el resultado final, no una forma de obtenerlo, porque no sabes qué cosas pueden traer esos medios. No nos importa cómo se consiguen los recursos y cómo se suceden los acontecimientos.

Así por ejemplo si quieres un ascenso en tu trabajo no imagines que hablas pidiendo una mejora de tus condiciones laborales con tu jefe, a él lo podrían cambiar o no estar en unos días, imagina mejor que tus compañeros te congratulan y te dicen "felicidades por tu ascenso". Siente el resultado final de tu deseo.

Cuando imaginas en los medios de cómo adquirir algo estás llamando a esos medios que no te garantizan el resultado final. Tu objetivo en la realidad vendrá por otra vía que, lo más seguro, no tendrás idea alguna de cuál es. Cuando hayas conseguido algo sólo imaginando el resultado final recuerda esta frase que te envía la vida: "Tengo caminos que no conoces".

Una vez experimentado un sólo logro con esta técnica maravillosa, basta para que los siguientes acontecimientos los imagines solamente con tu objetivo cumplido. Te darás cuenta de que la vida es un fiel reflejo del pensamiento sentido y que no guarda relación con el cómo de ninguna manera. Tu meta debe ser armoniosa, plena y llena de felicidad.

Cuando estás trabajando día a día por un objetivo, ya sea realizando un proyecto, levantando un empresa, etc. no debes imaginar el éxito de una situación concreta que pertenece al camino, aunque lo puedes hacer y eso funcione, piensa en la gloria del resultado final! Probablemente tendrás sorpresas y se solventará por otra vía. Cuando quieres ir caminando de un sitio a otro no imaginas que cada paso que das será todo un éxito sino que esperas llegar, lo que es aún mejor estás seguro de que llegarás consciente o inconscientemente.

"Imaginar que cumples ese medio para llegar a tu objetivo probablemente te deje en ese medio"

Tu imaginación unida a un sentimiento de felicidad, alegría, emoción o satisfacción del cumplimiento de tu deseo se verá reflejada físicamente y a partir de ese punto tu camino futuro debe ser guiado por la continua afirmación y sensación de alivio y gozo. Vuelve a aplicar la técnica para el siguiente deseo que se te presente.

80

INFORMACIÓN EN EL SUBCONSCIENTE

"Somos creadores de nuestro día a día gracias a nuestro pensamiento. Creamos nuestra propia vida al ritmo de nuestros pensamientos"

En tu vida predomina la información que hay en un área de tu sistema nervioso que se llama subconsciente. Allí se encuentra todo lo que tú realmente piensas de ti, lo que crees que te mereces, la amplia concepción de tu entorno y de tus posibilidades. Cuando quieras conseguir algo debes convencer a tu subconsciente de que lo que deseas es lo que te pertenece asegurando tu postura por encima de cualquier cosa, tu subconsciente debe ser tu servidor. Un método de eliminar tus viejos pensamientos incrustados en tu área no consciente es repetir antes de ir a dormir el efecto contrario muchas veces u oyéndolo en una grabación hasta quedarte dormido pensando en ello: "soy sano" eso elimina la creencia de que tiendes a las enfermedades, "mis compañeros me quieren" aplaca la idea infundada de que no eres bien recibido en tu entorno laboral, "me encanta el dinero" es contraria a la idea de que tener dinero es malo (un pensamiento muy frecuente que limita a la población).

Tú eres el señor y tu "yo interno" obedece a lo que repetidamente dices convencido. Lo repites tantas veces que se fija hasta cambiar tu pensamiento. "Soy feliz, soy exitoso", dilo ahora mismo! "soy feliz, soy exitoso".

Ese "yo interno" que cree lo que repites frecuentemente, persuadido por lo que deseas, es el que paradójicamente, controla tu vida. Si quieres tener una casa grande con jardín y tu creencia interna te dice que eso es imposible porque es muy difícil de conseguir o no te lo mereces, predominará siempre este pensamiento y no podrás obtener la vivienda que te gustaría.

Para poder actuar correctamente es importante conocer la relación entre lo consciente y lo subconsciente. Lo primero es selección personal y lo segundo es la causa. El consciente genera ideas o las percibe por cualquiera de los sentidos y las imprime en el subconsciente. El subconsciente las recibe, les da un sitio y una forma de expresión. Una idea concebida se aloja en el subconsciente e independientemente de nuestra memoria evoluciona en ella y las traduce fuera de nuestra conciencia. Sin esta secuencia no existe nada en el universo. El subconsciente no genera ideas pero acepta como ciertas aquellas que la mente consciente acepta como verdaderas. Esa mente consciente puede tener control sobre las ideas y sobre los sentimientos. El subconsciente trasciende la razón, se expresa por las ideas infundadas previamente. Ninguna idea puede ser fijada sino es sentida. De esta manera la persona que no controla sus sentimientos, fácilmente puede impregnar en su subconsciente estados indeseados.

Controlar tus sentimientos es todo lo que necesitamos para tener una vida tal como la deseamos y feliz. No aceptes un pensamiento negativo o no deseado, no pienses en que algo en ti es imperfecto o en los errores de otros. Lo que no quieres que los demás piensen de ti no lo pienses de otros. La aceptación de las cosas negativas te genera cosas negativas. En esto está el desarrollo del mundo entero.

Afortunadamente cada sentimiento puede ser contrarrestado por otro que sea más poderoso y que pueda convencer a tu conciencia. El sentimiento más dominante sobre una misma situación es el que gobernará la realidad. Lo que sientes que quieres ser es lo que predomina sobre lo que te gustaría ser, por lo que tu sentimiento debe convencerte en el momento presente como ya te expliqué anteriormente. No esperes a que lo físico te convenza, debe ser tu conciencia la que reine sobre la realidad física. La sensación está siempre antes que la manifestación. La realidad física tiene una base inamovible que son las sensaciones.

Sé cauteloso en tus sentimientos, pensamientos o sensaciones que aunque modificables, conectan siempre con el subconsciente. Además tu cuerpo las soporta y las expresa en la misma forma que las albergas. Sentir algo malo y mantenerlo durante mucho tiempo, fácilmente puede originar una enfermedad. Tu entorno entonces, no es lo único que enferma sino tu cuerpo también.

Sentir la realidad del estado deseado y vivir convencido de esa situación es la base de todo cambio trascendental en nuestras vidas.

NO ENVIDIES A NADIE

"Tú eres cada ser del planeta"

No tengas sentimientos negativos de ningún tipo, estos producen desprendimiento de sustancias que causan alteraciones corporales y desarmonía en tu entorno.

Como hemos dicho, somos fracciones de un todo, por tanto por más diferente que parezca alguien a ti, en realidad eres tú también esa persona. Envidiar es generar un mal para ti. Alégrate del éxito de otra persona, siente como si él/ella fuera alguien querido/a o tú mismo quien consigue eso y emociónate positivamente. Cuando sientes algo agradable por lo que le ha ocurrido a otro se generan situaciones buenas para ti.

"Todos los seres humanos somos fragmentos de un todo.

No te hagas daño"

Todo tu entorno y lo que te ocurre es producto de tu pensamiento. Ellos, los que te gritan, los que te enfadan, los que te dicen cosas desagradables sólo son un reflejo de lo que tú eres. Nos cuesta creerlo pero esa es la realidad. Así que cuando eso ocurra piensa que necesitas estar en paz contigo mismo, pensando que la otra persona también eres

85

tú y te está recordando cómo piensas. Di "soy feliz, me encanta este mundo", "soy próspero, estoy contento conmigo mismo".

Tu pensamiento se proyecta hacia los demás, no sólo se trata de ti sino que formas una verdad al prójimo. Cuando dices "cuánto dinero tiene esa persona!" estás dándole más dinero. No lo hagas con envidia, eso no te favorece. Alégrate de su éxito y siéntelo tuyo también. Tú y él sois exitosos.

Delante de un problema con alguien no intentes cambiar a esta persona diciéndole cómo tiene que pensar o actuar. Ella es el reflejo de ti, es parte de tu conciencia. Cambia tu percepción de las cosas. Ella te está diciendo quien eres dentro de ti mismo. No te enfades, reflexiona un momento pensando en que todos somos fragmentos de uno mismo. Todo lo que tienes a tu alrededor, incluidas las personas son producto de tu conciencia. No juzgues a los demás y no te castigues a ti mismo. No busques en tu conciencia qué es malo, sólo piensa que todo está bien y que tienes éxito en todo, que has conseguido tus deseos. Tu entorno es agradable y está por ti. No busques la causa del problema. Imagina lo que quieras oír, ver y percibir. Imagina que esa persona te está diciendo cosas agradables y te elogia o te admira, ella eres tú.

Si has tenido un sentimiento negativo hacia una persona cámbialo rápidamente. Es siempre mejor pensar que esa persona te está diciendo cosas agradables y bonitas. Siente su felicitación. Tu conciencia reina sobre todo, así que eso que imaginas pasará en esta vida física. O si lo prefieres, desvía tu atención hacia otra cosa que sea de tu gran agrado o ilusión, porque ese problema no puede condicionar tu corta vida física.

Decir que alguien tiene "envidia sana" por otra persona suena contraproducente porque la envidia de ninguna manera puede ser sana. Sin embargo con tolerancia y buena fe a esta acepción podemos interpretar que la persona admira a alguien sin sentimientos negativos. Yo prefiero usar expresiones diferentes que denoten en toda su extensión emociones positivas, por ejemplo "es un crack" o "es exitoso!" y mientras lo dices te identificas con esa persona. Esta sensación forma una energía de conexión con lo que deseas, lo cual hace camino para el desarrollo de lo que quieres si luego continúas trabajando en ello. De esta manera artistas, empresarios, etc. han podido y pueden triunfar: admiran a alguien, lo ven como exitoso, siguen su ejemplo, son constantes y triunfan.

La envidia como tal, desarrolla el flujo de sustancias agresoras en tu organismo, igual que el enfado o el estrés. Y esta envidia nace en tu mente. Pero afortunadamente puedes controlarla porque sabes que no es buena y que todo lo que otro/a tenga es bueno para él/ella y lo puedes tener tú. Muchas personas que han nacido con poco o que en su vida en algún momento han experimentado deficiencias de algún tipo han tenido posteriormente abundancia. Sólo tienes que saber dirigir la maravillosa energía que tienes en tu mente.

CONSERVA TU PENSAMIENTO PARA TI MISMO

"No hagas público lo que conseguirás, ya lo sabrán...si tú quieres"

No expliques a nadie tus objetivos, vívelos tú mismo en tu mundo. En ocasiones contar lo que quieres no es comprendido por la persona que escucha o simplemente puede sobresalir algún temor tuyo y reflejarse en quien te está oyendo, eso trunca tu camino. Conversa en silencio y disfruta de tu vida en tu interior, la otra persona ya se dará cuenta de tu éxito cuando te vea en otro estado. Desde luego tus conversaciones no deben ser contrarias a tus deseos, al menos tus pensamientos, debes ser coherente contigo mismo.

No digas nada a nadie de tus objetivos internos, contarlo no te ayudará. Lo puedes hacer pero con tu voz interior imaginando que le explicas lo "ya ocurrido" a esa o a otra persona.

Tampoco te formes una idea negativa de otra persona que está delante de ti con respecto a ti mismo o a sus cosas. No conoces quién está dentro de ese cuerpo que tienes delante, aún así eres capaz de darle un papel positivo en tu vida. El prójimo es el reflejo de tu pensamiento.

No le expliques nada con esa voz sonora que conocemos todos. Explícale, si quieres, con esa voz interna imaginando que se alegra de tu éxito. Pero no lo hagas físicamente.

El convencimiento de una idea a realizar es la alegría de tu ser avanzada al mundo tridimensional. En ese mundo físico es donde vive el resto de los seres humanos que están siguiendo el estilo "planar" hasta que en ellos se despierte en algún momento la consciencia de ser. A todos nos vendrá el momento de vivir la dicha de la exteriorización consciente del ser. Hasta que eso ocurra, tú que ya sabes vivir con éxito, mantén tus palabras dirigidas a ti mismo. Si algo puedes hacer por esa otra persona es desearle lo mejor, porque tú ya tienes asegurado tu proyecto, tú vivirás en la carne lo que en tus sentimientos se está expresando.

Afortunadamente, cada vez hay más personas conocedoras de esta forma de vida que es la que nos lleva al encanto. Así que no sería raro que cuando emitas las ondas positivas creadoras te encuentres con personas que también hacen uso de ellas o bien conozcan algo. No siempre ocurre pero puede darse el caso.

"Cuando bajas el volumen para con los demás,
lo subes para contigo mismo"

La mejor manera de disfrutar de la extensión infinita de tu poder es adentrándote en ti mismo, viviendo las cosas que más quieres en tu mundo real que es tu imaginación, viendo con tu ojo interno cómo te suceden las cosas. En ese más allá es donde puedes hablar lo que quieras con quien tú quieras. En tu pensamiento eres la totalidad de la vida. Y aunque eres libre de usar cualquier estado en esa totalidad, porque existe lo llamado bueno y lo malo, te recomiendo disfrutar de la bondad positiva que es la vía que te dará la gloria excelsa, puerta grande y rápida hacia lo supremo.

Habla contigo mismo, habla con tu consciente hasta que tu subconsciente se convenza de que te mereces aquello que deseas. Ésta es la mejor conversación. El subconsciente nunca falla en expresar todo lo que ha sido escrito en él. Desde el primer momento en que recibe una impresión comienza a elaborar la manera de expresarse, acepta y manifiesta todos los sentimientos impregnados en él. El subconsciente, una vez armonizado con tu consciente, nunca altera tus creencias mientras que otra persona podría provocarte una duda. No ganarás nada explicando tu futuro éxito a otra persona pero sí podrías tener un momento de inestabilidad o incluso desagradable. Mantente firme en tu creencia.

A lo que hago referencia aquí es a una conversación común y convencional con otra persona, en una charla de compañeros o amigos. Si se trata de una estrategia en la que hay que preparar a los miembros de una empresa para conseguir un objetivo, siéntete libre de hacerlo. Lo mismo si eres un candidato a la presidencia de un país o de una asociación, di que eres el ganador durante la campaña política y vívelo con tus simpatizantes. Cada situación para cada momento bajo tu sentido común. Eres quien domina tu vida, el poder está en tu pensamiento.

SÉ PACIENTE

"Tiempo y espacio son condiciones aceptadas para la mente, el pensamiento puede trascenderlos"

El tiempo no existe en la extradimensión. Es un eterno ahora, pero ese constante presente puntiforme no tiene traducción en el mundo físico. Aquí hablamos de pasado, presente y futuro, en nuestra imaginación debe existir sólo el presente y es armónico con nuestros deseos.

"Lo que imaginas es un acto creativo instantáneo, pero en este mundo terrenal los acontecimientos aparecen en una secuencia de tiempo"

No sabemos cuándo vendrá aquello que hemos deseado y vivido, tú debes seguir en tu línea. Aquello vendrá y nunca es tarde cuando llega. Esto es muy importante, la impaciencia es una generación de ondas negativas que truncan tu camino. Pensar ansiosamente lo que deseas no es bueno. Pensar alegremente y emocionado en positivo es muy bueno. La alegría en todo momento posible favorece la atracción de resultados buenos, de lo que esperabas y de lo que no esperabas, pero siempre favorable a ti.

SÉ FIEL A TU PENSAMIENTO

"Tal como piensas así eres, si dudas no tienes camino definido, si aseveras llegas"

Cualquier concepto que sea aceptado como verdad se exteriorizará en tu mundo físico. Cuando dudas sobre si será cierto o posible algo estás generando una afirmación en tu interior y las dudas predominan como ciertas ante las afirmaciones positivas porque a nuestro sistema nervioso le es mucho más fácil aceptar la imposibilidad, la negación, el fracaso, el no éxito porque así hemos crecido la gran mayoría de humanos.

No desvíes tu idea hacia lo contrario, no te dejes seducir por el qué dirán, ni las personas ni los medios de comunicación ni nada, tampoco el razonamiento (deducciones de que en la realidad eso no es posible).

"Tu objetivo es tu mundo. Cuando ya lo has visualizado

déjaselo al cosmos. Sigue tu vida pero no dejes

que esa vida te haga cambiar tu idea"

Si tu pensamiento se va por otros caminos no deseados, debes regresar inmediatamente a tu sitio anhelado. Nuestra cabeza da vueltas por naturaleza y en ocasiones podría costar un poco evitar tener pensamientos contradictorios. Hay una técnica que mi mujer y yo hacemos y es cantar o tararear alguna canción favorita o la que está de moda, si hay personas presentes la cantamos en la mente. Es una técnica muy buena porque además te libera endorfinas que dan felicidad.

En el ambiente médico existe el "síndrome del recomendado". Se caracteriza por un miedo consciente o inconsciente del personal médico a que el paciente que es un conocido de un amigo, familiar de un conocido, o recomendado de alguien de cualquier nivel, sea producto de un fallo en el tratamiento o en el diagnóstico. Tenemos miedo a que precisamente con esta persona las cosas salgan mal. Ese miedo intenso y generalizado que sentimos generalmente en estos casos, producen los errores o fallos con ese "paciente recomendado". Lo ideal es sobreponerse a cualquier sensación falsa y concentrarse en lo que debe ser.

Hace unos años, en el hospital donde yo trabajaba, ocurrió el peor caso del "síndrome del recomendado" que yo haya visto. La hija de un médico forense conocido y admirado por el jefe de la resonancia magnética del servicio de radiología acudió tras un accidente de tránsito a realizarse un estudio de la columna vertebral, fue tanto su estrés de quedar bien con su colega que este olvidó mantener la inmovilización de la columna vertebral de la paciente al trasladarla al aparato de resonancia porque él mismo se personó junto con los camilleros para pasarla al equipo. El resultado de este traslado sin protección fue una lamentable disección de la médula por un fragmento de vértebra fracturada previamente y la consecuente parálisis de gran parte del cuerpo. Cuando lo miras desde fuera y para los entendidos en la materia médica, es el error más tonto que pueda pasar. Pero el estrés, nervios o miedos ya sean conscientes o inconscientes no te dejan ser fieles a la realidad positiva.

Sé fiel a tu pensamiento de éxito independientemente de la situación o entorno. No dejes que te domine el exterior. Tú dominas lo que te envuelve.

SIENTE LAS GRACIAS

"Cuando te sientes afortunado se genera un agradecimiento inconsciente."

La sensación de agradecimiento es un boomerang. Cuando tu emites un real sentimiento de ello estás evocando una recepción de un bien. Sé agradecido con lo que aspiras tener como si ya lo hubieras recibido, cada día y junto con esta correspondencia siente la felicidad del regalo que te da la misma vida.

En general quien agradece cualquier cosa tiende a recibir más de aquello. Nos lo han dicho ya varios autores y es muy cierto.

En una ocasión recibí un comunicado para participar en un certamen de arte en la que estaría la reina emérita de España, en el que previamente un jurado especializado tendría que revisar las obras para saber si podían pasar o no a la exposición. Yo, entonces un escultor novel sin experiencia y sin gran rodaje, al darme cuenta de la cantidad de obras de arte que participaban y de la gran calidad de ellas no me deprimí sino que sentí desde el inicio una sensación enorme de agradecimiento por tener la oportunidad de darle la mano a la reina. En realidad no sabía si ella iría a la exposición, si alguien podría darle la mano y peor poder pasar el filtro del jurado que estudiaría centenares de obras, nada de esto sabía. A cualquiera lo echa para atrás. Pero cada noche lo imaginaba, alguna mañana también, mientras lo hacía daba gracias emocionado de lo que "ya estaba sucediendo". Fui escogido a mi primera exposición con la reina y no sólo eso, al final del evento recorrió por la sala de exposiciones y paró un buen rato para ver mi escultura, me dio la mano y me hizo varias preguntas sobre la técnica de la obra. Esto en la actualidad ya ha ocurrido varias veces. A partir de entonces vinieron otros beneficios ligados al valor de mis esculturas, interés por otras exposiciones, etc.

Así funciona el agradecimiento, como parte de tu imaginación, se fragua con tu deseo y la emoción para recibir más.

El agradecimiento es la conciencia de haber recibido algo y a lo cual correspondes con sentimiento positivo. Es un proceso de creación de aquello por lo que estás agradecido.

Agradece como si lo hicieras a la vida mismo, a unas fuerzas extrañas "superiores" o lo que es mejor, a la maravillosa creatividad que tienes en tu interior. Suena extraño que te agradezcas a ti mismo pero al tener conciencia de que dentro de ti existe el verdadero Dios, no será difícil hacerlo. Agradécete sintiendo la expansión en tu pecho de la sensación más agradable de magia y asombro de poder al mismo tiempo.

Muchas culturas, durante siglos, han practicado la gratitud de forma comunitaria y se ha ido transmitiendo a las generaciones. Los egipcios celebraron durante mucho tiempo la abundancia del caudal del río Nilo desde la antigüedad para asegurar la continuidad del gran flujo de agua y con ello el mantenimiento de alimentos y comunicación con otras comunidades. Los indios australianos y algunos americanos realizan danzas para atraer la lluvia con fiestas de agradecimiento.

Cualquier acto atrae a lo semejante. Ello significa que en tu mente debes formar un retrato o una imagen o una escena de lo que deseas. Para volver atraer tu deseo lo debes sentir como si ya lo tuvieras en la realidad física, igual que en ella. Una vía de llegar a conectar con la realidad del más allá es sentir agradecimiento por eso que ya tienes.

En realidad la gratitud es algo que debes tener siempre. Y antes de tener lo deseado, no debes esperar a tenerlo para agradecer. La mayoría de personas están agradecidas al recibir algo bueno, pero para que tus deseos sean una realidad y llenar tu vida de riquezas en todas las formas, debes estar agradecido antes y después.

Mediante el acto de estar sinceramente agradecido por tener tu deseo cumplido anticipadamente, inmediatamente creas una imagen mental de que ya lo tienes, sientes como si ya lo hubieras recibido y eso conecta con la dimensión bondadosa del universo. No sabrás cómo lo recibirás, pero tu certeza con el agradecimiento y fe inamovible, se expresará en ti.

ENAMÓRATE DE TU IDEA

"Nadie puede lograr algo importante en la vida al menos que lo quiera ardientemente"

Debes estar tan emocionado con tu objetivo que no debes dudar de que es así. Si hoy te dijeran que has conseguido tu objetivo ten por seguro que irías a la cama muy entusiasmado e incluso no podrías dormir de la agradable excitación.

Hace unos años quería un coche que me gustaba mucho y que no me lo podía permitir por el precio, además no quería un préstamo con el banco. Miraba en internet las fotos una y otra vez, buscaba otra página web para ver más fotos y lo hacía una y otra vez como si se tratara de un romance con el vehículo. Cuando conducía el mío imaginaba que el salpicadero era el del nuevo, lo tenía estudiado, sentía la emoción del amor al coche. Un día me informaron en mi trabajo que me correspondía un 17% más de mi salario por años de trabajo y otros beneficios, lo cual no sólo era indefinido sino que iría aumentado a medida que pasaba el tiempo! Esta cuota extra era el importe exacto que me tocaba pagar a la misma concesionaria cada mes si desembolsaba la mitad del precio del coche que era el máximo que yo me podía permitir. En tres años estuvo pagado el coche que disfrutamos completamente con mi familia.

"El amor es emoción positiva"

Cuando te enamoras o anhelas con amor algo estás provocando que venga hacia ti. Debes tener claro que el amor no es desesperación, ni ansiedad, tampoco obsesión. El amor es positivo, agradable, es placentero, es disfrute del sentimiento.

El amor a algo es ocupar su total estado y eso implica vivir en ese algo con sentimiento agradable. Debes ser eso que tu idea proyecta. Ocupa ese estado, que es la armonía con tu objetivo.

Si quiero ser dichosamente feliz tengo que imaginar cómo yo vería el mundo y cómo el mundo me vería a mí. Esa felicidad dichosa nace del amor a algo o a alguien que a su vez nace de la imaginación humana.

Cuando sabes a donde quieres ir o lo que quieres ser, es decir amas tu idea de alguna manera, avanza por fe. Permaneciendo fiel a ese estado de conciencia, lo que es visto solamente en tu imaginación, se verá en tu mundo. El ser humano es todo imaginación. Esa imaginación es la base de todo sentimiento que causa la exteriorización al mundo. Nuestra imaginación puede generar el deseo y con ello el amor a algo o a alguien.

Si no tienes fe, aceptando todo lo que suceda, permaneces en un estado de autómata, incapaz de cambiar los acontecimientos conscientemente en tu mundo. Sólo cuando caminas creyendo, tu vida cambia. No importa lo que hayas hecho antes, o lo que te haya sucedido, eso queda atrás y tu nuevo pensamiento, lleno de amor, lo cambia todo. Si vives en el pasado vuelves a vivir el pasado. Camina un nuevo sendero en tu mente que cambiará tu vida en el mundo. Pon el pasado detrás de ti. Si le das la espalda al tiempo pasado, sin tener en cuenta lo que hayas hecho o no y te proyectas hacia adelante hacia tu sueño y permaneces fiel a él, nada podrá impedir lograrlo. Llegarás a ser el ser que tu asumas que eres si permaneces en ese estado.

He experimentado muchas cosas con los sentimientos positivos y sé que eso es verdad por el hecho de haberlo vivido yo mismo. Te invito a experimentar de igual forma, las cosas que quieras con sensaciones positivas para que puedas disfrutar de sus consecuencias. Así como te invito también a practicar la materialización de tus sueños con todas estas pautas que te explico, que no sólo te quedes con el conocimiento, sino que lo ejerzas.

No necesitas nada del exterior para conseguir lo que deseas, no importa tu situación personal ni la del país donde vives. Sólo tienes que creer, creer con fe y caminar en el sentido que tu imaginación disponga. Pregúntate "cómo sería si yo fuera la persona que quiero ser", la respuesta es la que tienes que vivir en tu imaginación.

SOBRE LOS SUEÑOS AL DORMIR

"Soñar es entrar en la dimensión más cercana a nuestra conciencia"

Dormimos durante la noche normalmente pero la totalidad de la población del planeta no tiene la noche al mismo tiempo. Mientras unos duermen, otros están activos trabajando, haciendo su vida al otro lado del mundo. Uno a uno vamos cayendo en sueño a medida que la tierra rota y la luz del sol se va ocultando. Sin embargo podemos dormir durante el día también.

Sea como sea, dormir nos trae el descanso corporal y algo importante denominado "sueño". Soñar no es otra cosa que vivir una situación mientras se duerme. Pero por qué soñamos? Por el mismo motivo que tenemos miles de pensamientos mientras estamos despiertos. Nuestra mente está en constante movimiento.

Soñamos en la gran mayoría de ocasiones, cosas que hemos pensando o percibido por cualquier medio durante el estado despierto. Te podrías preguntar cómo es posible que hayas pensado ese sueño tan desagradable que tuviste? En algún momento de tu vida esta información entró en tu mente. Nuestra memoria es muy limitada, nos cuesta recordar ese hecho pero es así. Ese recuerdo o vivencia durante el sueño puede ser modificado con situaciones en ocasiones absurdas por la diversidad de pensamiento que tenemos. No es raro soñar que estás en un sitio determinado con alguien y de pronto estás en otro y con una persona diferente. Esa es la actividad del pensamiento.

Cuando yo era pequeño fuimos con mi padre y mi hermano mayor al cementerio, probablemente sería para mí la primera vez que pisaba un cementerio, a visitar la tumba de mi abuelo. Para llegar hasta su tumba había que caminar un buen trecho en medio de otras, sin un camino definido, en medio de lápidas, con letras y cruces lúgubres (de tensión y miedo para mí en ese momento), donde predominaban el color blanco y el gris. Mi padre me explicó que ahí había gente que había muerto y mi hermano mayor argumentó que no podía pisar ninguna tumba porque los muertos se enfadarían. Desde entonces y hasta la adolescencia tuve un sueño desagradable que se repitió un sinnúmero de veces, sentía como huía en medio de las tumbas sin un camino definido, esquivando las cruces, corriendo y tropezando al son del sufrimiento exhausto porque los señores que habían muerto me seguían. No recuerdo que nunca me hayan alcanzado pero la sensación de muerte inminente sí que la recuerdo.

Una variante de este sueño la viví también muchas veces después de ver una película de indios del oeste americano que lanzaban flechas y éstas atravesaban el tórax de algunas personas matándolos o dejándolos moribundos. La variante de mi pesadilla era que en lugar de los muertos me seguían los indios sobre sus caballos y me disparaban flechas. Tampoco me tocaba ninguna pero mi desesperación era brutal.

Esto es el reflejo de situaciones vividas modificadas por la imaginación. Son ejemplos de sueños producto de vivencias.

Una paciente embarazada me explicó cómo había soñado dos veces que el hijo que tenía en el vientre lo había parido y tenía forma de mono y no de humano. Asumía que en algunas ocasiones pensaba que podría tener las orejas grandes que su abuelo había tenido. Un sueño modificado por el miedo.

Lo siguiente ocurre también con relativa frecuencia: pensamos tanto en una situación que soñamos que eso pasa igual y pasa en el mundo físico. Al presidente Abraham Lincoln lo habían amenazado de muerte en los últimos días de su vida y esta situación le causaba mucha angustia, como es evidente. Una noche soñó que le disparaban y vio su propio cadáver con el color exacto de una tela cerca de su rostro. Se lo contó a su mujer. Pocos días después en un teatro lo asesinaron a disparos y el color de la vestimenta que estaba cerca de su cara era el mismo que le había explicado a su mujer.

Los sueños podrían revelarte una situación pero realmente no es porque sean premonitorios sino porque lo produces tú.

Durante un período de días de meditación larga en la noche, a mediados del año 2.016, soñé que visitaba una galería y que el propietario de ella era un señor que en la vida real tiene una empresa de fundición de metales en Barcelona. Hacía probablemente unos dos años que no sabía nada de este señor, pero vino a mis sueños. Él, en el sueño, me invitó a pasar a la galería y me dijo que podría escoger alguna obra de las que allí estaban expuestas pero yo le dije que quería ver el almacén así que me llevó al sitio donde guardaba otras obras, buscó un gran sobre de color marrón y de él sacó un lienzo y me dijo éste es para ti. El sueño se acabó. El mismo día por la mañana, ya en la vida real, a primera hora de la mañana me llamó al teléfono nada más y nada menos que el señor de los metales y que en el sueño tenía una galería. Me dijo que no se encontraba bien de salud que tenía un problema en los pulmones y que si podría verlo durante esa mañana. Evidentemente le dije que viniera a verme. Lo hice pasar a mi despacho, me explicó que lo habían visitado en una clínica privada y que le habían hecho un escáner, así que sacó un sobre de color marrón y de su interior las imágenes del escáner <<un sobre de color marrón idéntico al que vi en mis sueños, cogido por sus manos>>. Esto fue un impacto muy grande para mí. Lo que había soñado era una realidad, con modificaciones, pero era verdad, lo estaba viviendo!! El Sr. Martínez se fue de la consulta después de la visita, cerré la puerta, me quité las gafas y me cubrí la cara con las dos manos impactado y desconcertado.

Entendí que cuando meditas o practicas mucho el crear la realidad, tus pensamientos pasados o deseos se pueden manifestar en sueños. Y éstos en el mundo físico.

Tus sueños son expresiones de este mundo. Si tienes pensamientos agradables hay mucha probabilidad de soñar y vivir cosas agradables.

Dentro de la técnica de imaginar para materializar los deseos, hay algunos experimentados que recomiendan visualizar su deseo antes de ir a dormir y permanecer en ese estado hasta que el sueño se apodere de ti. Esto es coherente con el hecho de que justo antes de ir a dormir, el sistema nervioso se vuelve paradójicamente más receptivo (concretamente el subconsciente) pero sólo a lo que está percibiendo en ese momento. Esto hace que lo impregne con más facilidad en su creencia aunque luego en el sueño el pensamiento divague en otras cosas. Con esa técnica es más fácil aprender por ejemplo un idioma, escuchando diariamente antes de ir a dormir las clases o pautas de aprendizaje, llegará un momento en que el idioma fluya sin explicarse la persona el por qué. Es así porque antes de ir a dormir nos entregamos con más facilidad al subconsciente. Lo mismo al despertar, aunque ligeramente menos intensa la receptividad.

Sin embargo en mi experiencia esto no es una condición *sine qua non* para desarrollar tu objetivo. Pero es de mucha ayuda.

SOBRE LA MUERTE

"Morir no es un castigo"

Tu cuerpo, que es producto de tu pensamiento, tiene un límite en esta vida física pero tú eres eterno, estás aquí desde siempre y hasta siempre. El tiempo que asumimos que existe, está aliado con la masa corporal (espacio), así vemos crecer a las personas, envejecer y morir y parece que todo se acabara. Realmente se acaba el juego físico, el sueño de vivir la vida mundana pero no tu vida. Volvemos al sitio de donde venimos. Y antes de regresar tendremos que haber sentido la gloria de la conciencia de la divinidad suprema que es vencer los obstáculos físicos que este sueño nos impone para conseguir nuestra vida imaginando lo que queremos, entonces en el mismo estado corporal viviremos las sensaciones más sublimes que nos depara el recibimiento al estado puro de tu "yo superior", así nos daremos cuenta de para qué estuvimos inmersos en este mundo: Dios se hizo hombre (somos millones de millones de fracciones de Dios) para que creyendo ser débil y limitado como un ser humano pueda resurgir al darse cuenta de que este hombre puede vencer lo físico y limitado sólo con imaginar lo contrario y sin saber que él mismo es Dios.

"Esta vida terrenal es como un partido de fútbol.

Sabes que hay límite de tiempo para intentar meter

los máximos goles posibles.

Tus goles son los éxitos y triunfos"

El actor brasileño D. Montagner murió ahogado en el río San Francisco de ese país en el 2.016 después de grabar algunos capítulos de la telenovela en un paraje cerca de este río. Previamente el actor había rodado una escena en la que recibe un disparo y era abandonado en el río donde verdaderamente murió. Fue su vivencia tal durante la filmación de estas escenas que al día siguiente cuando fue a bañarse al río con la actriz principal de la serie, fue arrastrado por la corriente del río y falleció. Los medios de edición encargados de la serie emitieron las impresionantes y "reales" imágenes que había escenificado su muerte en el río mientras hacía de actor.

Llamó inconscientemente a la muerte.

Mi padre se llamaba David, fue un hombre exitoso en este mundo físico, salió de la pobreza en la que le dejó la muerte de su padre quien manejaba tierras de cultivo en Portoviejo. Tras la desaparición de este mundo de mi abuelo, los bancos se apropiaron de los terrenos que generaban dinero a la familia, mi padre entusiasta aprendió el código *morse* en pleno estado de escasez. El conocimiento

114

de la clave *morse* le ayudaría a entrar a trabajar en telégrafos y posteriormente tener negocios que le permitirían recuperar parte de las tierras perdidas cuando era un adolescente. El interés del poder mental embargó tempranamente a mi padre que estudió por su cuenta el arte de hipnotizar, ayudó a gente a subsanar algunos problemas sicológicos con la persuasión y la hipnosis, a acabar con estados de ansiedad y controlar el vicio del alcohol con órdenes post-hipnóticas. El logro más notable fue el 7 de junio de 1.962 al hipnotizar a un paciente que debía ser operado del abdomen y al que no se le podía administrar anestesia ni intubar para que durante la cirugía no tuviera dolor ni molestia alguna. Fue la primera cirugía hecha con hipnosis documentada en América Latina. El control mental de mi padre producía desde entonces exitosos efectos en los que querían ser tratados. Incluso sólo con la persuasión sin llegar al estado hipnótico. Después de unos años mi padre dejó la hipnosis, esto ameritaba mucho tiempo y tampoco le generaba ingresos. Tenía que dedicar tiempo a sus actividades laborales y de negocio. Hacia los 58 años de edad empezó a tener pensamientos de muerte y de vez en cuando hablaba con determinada seguridad de que pronto moriría. Recuerdo con mucha claridad el día en que le dije "podrías comprarte otros zapatos" a lo que él me respondió "para lo que me queda de vida...ya muero con ellos". Un día fue a hacerse una foto carné para un documento que necesitaba y cuando volvió a casa, las fotos que le sobraron las dejó sobre un mueble y dijo "es la última foto que me hago, para que me recordéis así". Como esto muchas aseveraciones a su muerte. A los 61 años de edad murió de una complicación quirúrgica de una cirugía

115

que algunos meses atrás no estaba prevista por ningún motivo. En septiembre de 1.996 había tenido un infarto del corazón que no lo mató pero los médicos decidieron que para mejorar la circulación de la zona cardiaca afectada se debía operar de un *bypass*. Fue esta cirugía la que se le complicó y la que le condujo a la muerte. Y efectivamente fueron sus últimos zapatos, la última foto, las últimas vivencias que dejó en esta tierra.

Ese hombre exitoso, entusiasta y airoso en sus diferentes facetas de la vida, imaginó la muerte y la vivió por voluntad suya antes de que llegue. No le quitaron la vida, él la entregó.

Mi amigo César me explicó en 1995 que cada vez que cogía el coche e iba por la carretera de Guayaquil a Portoviejo imaginaba que un camión en sentido contrario a su ruta se le venía encima y aplastaba su coche, el miedo le hacía pensar en que moría y veía los cristales del parabrisas hundidos y rotos, el capó levantado y su sangre en los asientos. En 1998 murió en esa carretera aplastado por un camión que venía en sentido contrario.

Antoine de Saint-Exupéry autor de la famosa obra "El Principito" era también piloto de avión. Tenía mucha experiencia en vuelos, había atravesado el Atlántico en muchas ocasiones. Encomendado para realizar una misión de reconocimiento en el sur de Francia a sus 44 años escribió antes de salir de Córcega "Si me derriban no extrañaré nada..." y su vuelo nunca volvió a aterrizar. Desapareció en el mar y 60 años después un piloto alemán aseguró haber derribado el avión de Saint-Exupéry. Lo cierto es que desapareció de este mundo terrenal.

Así que, tú controlas tu vida. Y aunque la vida no se mide por años sino por su contenido, realmente tú decides cuándo irte consciente o inconscientemente. No te quitan la vida, tú la entregas. Tú llamas a la muerte por los mismos medios que llamas a la enfermedad, a la pobreza, a la salud y a la riqueza. Si imaginas que mueres estás llamando a la muerte. Tienes un tope de años terrenales porque le hemos puesto un límite nosotros a esta vida. Tu preocupación no debe ser esa porque cuando hayas vivido la grandiosidad de vivir lo que has imaginado te darás cuenta de que eres un ser mucho más que físico. No temas, disfruta de la vida en todo sus campos, la fabricaste tú para ti.

LA VIDA NO SE MIDE POR AÑOS SINO POR SU CONTENIDO

"Eres el dueño de tu tiempo"

La vida no se mide en años sino por su contenido por tanto no te fijes a qué edad el autor de este libro se va de la vida terrenal, o el de un conocido o familiar. La muerte de alguien no debe ni desanimarte a seguir explorando este mundo ni a defraudarte de lo que ya sabes. Empieza a practicar tu mundo abstracto que es la mejor herramienta en este universo de atracciones en el que reinas tú.

Dios se convirtió en ti por completo de tal manera que te olvidaste de que eres Dios. Lo hizo para convertirse en su creación y darle vida. Así Él pasa a través de todas las vivencias y experiencias sintiendo el bien y el mal y también la muerte con la certeza de que el ser humano despertará finalmente de este sueño de vida para sentir la grandeza de que él es Dios. Juega así todas las partes de este sueño como cada ser humano en cada tiempo y espacio.

LA CIENCIA

"Mientras la ciencia investiga la parte más minúscula de la materia y ahonda en ello, más nos encontramos con la esencia de la vida"

Durante muchos años el hombre ha querido indagar sobre la vida y el por qué el ser humano está aquí y ha creído no poder justificar al cien por cien científicamente todas las preguntas. Debido a que vivimos un mundo físico, tocamos, vemos, oímos, necesitamos por naturaleza una explicación física a todo ello, sino no nos lo creemos.

Desde que Pierre Teilhard de Chardin (1881 – 1955), un jesuita paleontólogo, dijo que en el libro de Génesis de la Biblia, la creación de la vida en 7 días se refería de forma metafórica al proceso de la evolución, gran parte de la población reaccionó con aceptación. El mismo T. de Chardin involucró al pensamiento y a la **conciencia** como impulsor de esta evolución. La Biblia, por cierto, no es un argumento histórico de personajes, es todo un relato de nuestras vidas. Si quieres saber más sobre ello lee a Neville Goddard.

El movimiento de las partículas generado por el pensamiento produce un campo magnético cargado eléctricamente en rotación (en inglés *spin*) lo cual produce atracción a su objeto afín. Esta atracción curiosamente no sabe de distancias. Un empresario en Inglaterra puede atraer a un cliente en concreto de Japón y recibirlo en su despacho. Puede llegar a tus manos una fruta exótica de otro continente sobre la cual pensaste hace unos días, etc.

La partícula más diminuta está en constante movimiento a una gran velocidad de tal manera que ocupa todo su espacio en prácticamente todo momento. Si tú dices que la partícula está en un sitio determinado dentro de su espacio de movimiento y otra persona dice que está en otra parte, ambos tenéis razón porque el movimiento es rápido en todos los sitios y siempre podrá estar donde tú quieras verlo. Este es el principio de la física cuántica. Tú decides dónde (espacio) y cuándo (tiempo) están las cosas de tu vida.

Si extrapolamos estas partículas, que componen la estructura de las moléculas de cualquier ser u objeto, a una escala mayor aquello de lo que eres consciente (lo que tú asumes que es real) será presente en el lugar que tú has decidido aunque no siempre coincida con el momento que tú esperabas porque el tiempo que vivimos en el mundo físico es "lineal". Si quieres coincidir en el tiempo debes proyectarlo en el momento preciso que tú deseas porque si no lo pides o no eres consciente de ese tiempo así será para ti, sin momento determinado. Debes vivir aquello que deseas en el ahora en conciencia de un momento o situación concreta. Y a pesar de todo debes saber que nunca es tarde.

Si anulas totalmente las creencias de algo en concreto y asumes por completo que es otra cosa diferente, esto se manifiesta en tu mundo a pesar de que otras personas y situaciones puedan decir lo contrario. Esta es la base del desarrollo de la vida.

Las moléculas de nuestro cuerpo en constante vibración, generan calor y energía. Este calor puede ser percibido por múltiples aparatos en la actualidad.

En lo más profundo de la estructura humana las partículas que se mueven producen una onda según el tipo de frecuencia regida por nuestro pensamiento y emociones. Todo pensamiento genera una vibración que es la que origina la onda. Estas ondas son de diversas formas pero las agrupo en dos grandes categorías: regulares e irregulares, según el tipo de emoción o sentimiento. El amor genera ondas regulares (figura A), la ilusión y la risa también. Lo contrario, la ira, el odio y el llanto generan ondas irregulares (figura B):

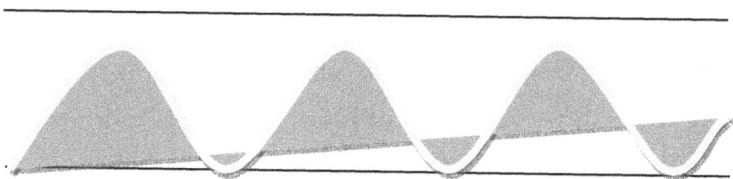

Figura A

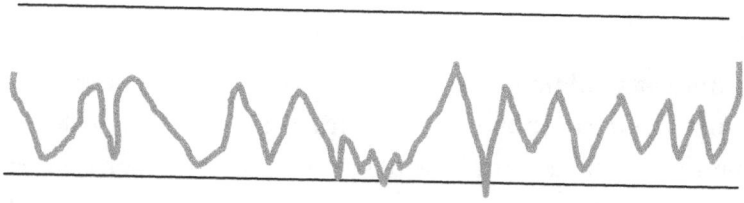

Figura B

Cada cosa en este planeta tiene un tipo de vibración y se complementa con tu deseo o pensamiento que genera una onda a fin a aquello que quieres o crees, sea algo inerte, vivo o una situación.

"La ciencia puede explicar cosas físicamente,

pero no toda la vida

es física"

Todo existe por tanto en la conciencia porque todo está hecho ya, sólo tienes que decidir con tu maravillosa fuerza de voluntad qué es lo que quieres. Si no controlas por voluntad, las cosas te van sucediendo según vayas pensando sobre ello. La percepción que tienes tú de ti mismo es lo que los demás ven de ti.

Cuando era un púber y hasta la vida adulta joven siempre tenía con mi hermano David una pequeña discusión existencial. Él decía que "todo está escrito" respecto a la vida y yo interponía que "somos libres de hacer lo que queramos, nada está escrito". Para mí era una decepción de vida pensar que todo lo que hacemos y vivimos es producto de un automatismo generado por otra fuerza como si fuéramos marionetas. Sin embargo hoy por hoy debo darle razón en una parte a David: todas las opciones de vida están ya creadas o 'escritas', cualquier cosa que nos planteemos ya existe. Pero no la vivimos hasta que escogemos algo, que ya está creado. Así, 'escribimos' lo que queremos sobre las infinidades de opciones ya 'escritas'. **Porque la partícula más pequeña de existencia, está en movimiento siempre en todo momento y en todo lugar.**

No existe una fuerza exterior responsable de lo que ocurre en toda tu vida sino tú mismo. Confiarle tu deseo a un santo mediante la oración es justo si tienes fe ciega en que ésta es la vía para adquirir tu objetivo. Atribuir el poder de la suerte a una piedra preciosa es también justo, siempre que tu convicción te diga que este mineral es la causa de tu dicha. Todo ello funciona si tú estás convencido ciegamente de que es así. Pero te invito a llevar a tu ser a otro nivel más alto, sé consciente totalmente que eres el único que produce las cosas. Asúmelo y siéntelo. Gobiernas todo lo que existe. Tienes el poder de la creación.

126

PUNTOS CLAVE

Estás aquí en esta vida por un período corto de años de este mundo físico, de una milenaria vida, no desaproveches la oportunidad de experimentar en esta carne la gloria de traspasar lo físico.

Tus pensamientos y emociones son energía. Y tal como se genera esa energía atraes lo afín.

El cuerpo es un vehículo para tu vida y experimentación en este universo de atracciones.

Sentir ahora es la base de todo lo que ocurrirá después.

La salud es un estado mental, si no la tienes, mientras te dejas tratar del médico no hables de la enfermedad ni digas 'estoy enfermo'.

El convencimiento neto sobre algo se expresará físicamente para ti en este mundo.

Imagina el final de tu objetivo con una escena que sea corta y refleje tu deseo cumplido.

Enamórate de tu idea y sé fiel a ella. Te está esperando.

Agradece a la vida por todo lo bueno que te viene, que es lo que has querido.

Reordena tus conversaciones mentales. No revivas en tu mente lo malo que haya pasado en el día, re-edita los hechos como te hubiera gustado que ocurra.

No intentes cambiar a las personas, ellas son un reflejo de lo que eres. Cámbiate a ti mismo.

NOTAS

Escribe aquí las frases más significativas para ti o textos
que más te puedan ayudar

_____

_____

_____

_____

_____

_____

_____

_____

_____

_____

_____

_____

_____

_____

_____

_____

_____

_____

_____

_____

TÉCNICA PARA ALCANZAR LO QUE QUIERAS

Aquí una de las técnicas más aconsejadas que a mí me ha funcionado y a la que llamo goddariana por ser N. Goddard el precursor de ella:

Debes tener previamente un deseo que quieras realizar, por ejemplo solucionar un problema que has tenido con tu jefe de oficina quien piensa que no realizas bien tu trabajo.

Ves a tu cama en un momento en que puedas dedicarte a ti mismo.

Cierra tus ojos y concéntrate. Aísla tus sentidos físicos del exterior. No debes tener interrupciones de ningún tipo porque necesitas ir a otra dimensión.

Imagina el acto que quieres vivir pero debe ser una escena corta y que la sientas. En el ejemplo que hemos dado antes, que tu jefe de trabajo te diga "admiro lo que haces" "eres muy productivo" o "te felicito, lo haces todo tan bien", esto mientras te da la mano. Siente su mano, la textura de ésta y oye su voz "te felicito, lo haces todo tan bien".

No te veas a lo lejos como si te vieras en una pantalla en una película de ti mismo. Debes ser tú en primera persona quien está viviendo todo esto.

Repite este acto una y otra vez. Si tu mente se desvía en otras cosas, en cuanto te des cuenta, vuelve a tu pensamiento inicial. Repítelo muchas veces. El subconsciente debe creerlo a base de repetirlo mientras tú lo vives.

No hagas caso al problema sucedido, inténtalo. Orientar tu atención a lo vivido sólo alimentará el problema.

Si te quedas dormido está bien. Pero si no consigues dormir también está bien, sigue tu vida y ocúpate de tus cosas sin recordar ansiosamente lo deseado, olvida tu acto creativo mientras estás pendiente de tus actividades.

Al día siguiente repítelo una y otra vez y cuando te despiertes vuelve a vivir la alegría de haberlo conseguido. Siéntelo como real, siéntelo, alégrate. Olvida ese momento y ocúpate de tus cosas.

Tu jefe te dará la mano y te dirá "te felicito, haces las cosas muy bien".

YO

Escribe aquí tu objetivo con el mayor lujo de detalles, luego léelo una y otra vez

_____
_____
_____
_____
_____
_____
_____
_____
_____
_____
_____
_____
_____

UN EJEMPLO

El ejemplo de la pluma es práctico y fácil. Te animará a hacer más cosas:

Ve a tu cama y dedícale un momento a lo siguiente.

Piensa en un lugar donde pasas caminando habitualmente o cada día fuera de casa. Puede ser cerca de tu trabajo o de tu misma casa. Localiza con exactitud el sitio, una esquina, al pie de un local en concreto, etc.

Ahora imagina que caminas por ese sitio que has escogido, paras por un momento y miras al cielo. Desde lo alto ves como se acerca a ti una pluma de una ave, baja con movimientos zigzagueantes hacia tu cara, te roza y cae al suelo. Te agachas a recoger la pluma. Estás en el sitio escogido por ti (la esquina, delante del local, etc.). Tocas la pluma y siente los finos pelos que nacen de su tallo central, le das la vuelta, la miras y la tocas.

Repítelo, ve al lugar que escogiste e imagina que miras al cielo. Ves las nubes que se abren entre sí y dejan paso a una pluma que se acerca hacia ti. Cae cerca de ti, la recoges y la tocas, siente su textura.

Podrán pasar algunos días, hasta que encuentres la pluma realmente en el sitio que imaginaste. Podría estar a un metro o a dos de distancia pero estará allí esperando por ti. En ninguna urbe del mundo existen tantas plumas para que ocupen todos los espacios habidos y por haber. La pluma que te encontrarás la has pedido tú.

Lo puedes hacer con una moneda pequeña si quieres.

Luego haz otra cosa más grande, lo que tú quieras. Mira los detalles y siéntelos con alguno de tus sentidos. Sentir crea la realidad.

No lo refutes ni lo aceptes. Sólo inténtalo.

LA VIDA ESTÁ ESPERANDO A QUE JUEGUES CON ELLA

....y le encanta verte ganar!

A partir de ahora no dudes ni un segundo de lo que quieres ver cumplido en este mundo físico. No hay nada ni nadie que pueda ir en contra tuyo cuando estás totalmente convencido de ello. No existen obstáculos en ningún plano, el único muro serías tú mismo. Las fuerzas de todo el cosmos se alían para complacerte.

Haz el bien a los demás porque te haces bien a ti mismo. Eres sabiduría e inteligencia y todo lo que haces es bueno. Tú mandas en el universo. Bienvenido a la vida!!

FRASES A RECORDAR

Pensar crea la realidad

Tu mundo es tu conciencia materializada

Tu cuerpo no eres tú

Tu cuerpo es un vehículo de tus decisiones

Las malas noticias del mundo te generan angustia y

alteraciones biológicas

Soy sano, soy exitoso

Lo que imaginas será una realidad

Atraes o provocas sucesos

Cuando le das importancia a algo se activa

La única realidad es tu conciencia

Cuando bajas el volumen hacia los demás (silencio) lo

subes para ti mismo

La felicidad es una elección diaria, no la encuentras en la

ausencia de problemas sino a pesar de tener problemas

Cada pensamiento genera energía

Cuando cambias tus hábitos y forma de pensar cambia tu

vida

No hay otra verdad que lo que tu pensamiento dice

Tu pensamiento llama y crea las cosas

El éxito está en tu cabeza

Tu imaginación no tiene límites

Este mundo funciona por sensaciones y emociones

Creer es sentir

Tu propia imaginación humana es Dios en movimiento

Si quieres cambiar tu mundo debes cambiar tus creencias

La conciencia es la única causa de lo que ocurre

No hay nadie a quien cambiar en la vida práctica sino a

uno mismo

Lo que hablas a solas, lo estás creando

Sé paciente y fiel a tu pensamiento

No hagas público lo que conseguirás, ya lo sabrán...si tu

quieres

El que agradece vuelve a recibir

Eres el dueño de tu tiempo

La ciencia puede explicar cosas físicamente, pero no toda la

vida es física

www.ingramcontent.com/pod-product-compliance
Lightning Source LLC
Chambersburg PA
CBHW020908100426
42737CB00045B/1052